세상의
모든
지식

'세상의 모든 지식'은 지식의 세계에 본격적으로 입문하려는
어린이를 위한 시리즈입니다. 넓은 세상, 수많은 정보 가운데
꼭 알아 두어야 할 지식이 풍부한 자료와 함께
가장 이해하기 쉽게, 가장 신나고 흥미롭게 담겨 있습니다.

우주를 누벼라

사파리

글 이지유

서울대학교 사범대학 지구과학교육과에서 과학 교육을, 서울대학교 자연과학대학 천문학과에서 천문학을 공부했습니다. 지금은 대학에서 과학영재교육학 공부를 하고 있습니다. 지은 책으로는 《별똥별 아줌마가 들려주는 우주 이야기》, 《별똥별 아줌마가 들려주는 화산 이야기》, 《별똥별 아줌마가 들려주는 공룡 이야기》, 《별을 쏘는 사람들》 등이 있습니다.

그림 오정택

홍익대학교에서 섬유미술과 공예디자인을 공부했습니다.
《아무도 펼쳐보지 않은 책》, 《단물고개》, 《초록자전거》, 《진정한 일곱살》 등에 그림을 그렸습니다.
14, 15회 국제 노마 콩쿠르 수상, 2009년 우크라이나 4th Block 환경포스터 트리엔날레 특별상,
2011년 볼로냐 올해의 일러스트레이터로 선정되기도 했습니다.
늘 즐거운 그림으로 아이들과 만나기를 바라면서 어린이책에 그림을 그리고 있습니다.

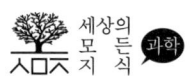

우주를 누벼라

초판 1쇄 발행일 2012년 3월 30일
개정판 4쇄 발행일 2025년 9월 25일

글 이지유 | 그림 오정택 | 디자인 김도형
펴낸이 유성권 | 편집장 심윤희 | 편집 유옥진, 한지희, 김유림
마케팅 김선우, 강성, 최성환, 박혜민, 김현지 | 홍보 김애정, 임태호 | 제작 장재균 | 관리 김성훈, 강동훈
펴낸곳 ㈜이퍼블릭 | 출판등록 1970년 7월 28일(제1-170호)
주소 서울시 양천구 목동서로 211 범문빌딩
전화 02-2651-6121 | 팩스 02-2651-6136
홈페이지 safaribook.co.kr | 카페 cafe.naver.com/safaribook | 블로그 blog.naver.com/safaribooks
페이스북 facebook.com/safaribookskr | 인스타그램 @safaribook_

ISBN 979-11-6057-628-3 (73800)
Copyright ⓒ 이지유, 오정택, 김도형, ㈜이퍼블릭 2012

· 이 책의 내용 일부 또는 전부를 재사용하려면 반드시 저작권자와 ㈜이퍼블릭 양측의 동의를 얻어야 합니다.
· 사파리는 ㈜이퍼블릭의 유아아동청소년 출판 브랜드입니다.
· 이 책에 수록된 천체 사진은 미국항공우주국(NASA), 게티이미지코리아의 도움을 받았습니다.
· 책값은 뒤표지에 있습니다.

 KC마크는 이 제품이 공통안전기준에 적합하였음을 의미합니다.
제조자명 : ㈜이퍼블릭(사파리) 제조국명 : 대한민국 사용 연령 : 8세 이상
종이에 베이거나 모서리에 다치지 않게 주의하세요.

우주를 누벼라

이지유 | 글   오정택 | 그림

사파리

머리말

우리는 한국인이고 아시아인이고 지구인이며 태양계인이에요. 그리고 더 나아가 우주인이지요. 먼 훗날 우리가 자유롭게 은하계 안을 돌아다니는 모습을 상상해 보아요. 낯선 행성계에서 온 외계인을 만나게 된다면 가장 먼저 인사를 하겠죠. 내가 어디서 왔는지 이야기하고, 너는 어디에서 왔냐고 물으면서 말이에요.

만약 우리가 한국을 떠나 케냐에 간다면 케냐에서 만난 친구들에게 한국에 대해 이야기하고 케냐에 대해 듣기도 할 거예요. 그것처럼 우리는 외계인에게 우리가 살고 있는 태양계에 대해 설명하고, 외계인의 고향인 외계 행성계에 대해 들을 수 있을 거예요. 정말 생각만 해도 재미있고 신나지 않아요?

하지만 그때 태양계에 대해 아는 것이 전혀 없다면 어떻게 인사를 할 수 있겠어요? 그러니까 지도를 펴 놓고 지구의 지리, 기후, 지형, 자연에 대해 배우는 것처럼 태양계에 대해서도 배울 필요가 있답니다. 그래야 이 우주에서 누굴 만나든 자신 있게 태양계에 대해 설명할 수 있지 않겠어요?

지구에 사는 모든 생물은 태양이 없다면 살아남을 수 없었을 거예요. 또 태양의 강력한 중력이 없다면 수성, 금성, 지구, 화성, 목성, 토성, 천왕성, 해왕성은 아주 옛날에 모두 태양계 밖으로 튀어 나갔을 테지요. 태양계 밖을 둘러싸고 있는 오르트 구름이 없다면 멋진 혜성을 볼 수 없었을 거고요.

여러분은 달이 없는 밤을 생각할 수 있나요? 목성, 토성, 천왕성, 해왕성 같은 거인형 행성들은 각각 달을 수십 개씩 가지고 있답니다. 다시 말해 위성이 수십 개 있다는 거지요. 그 위성들은 하나같이 독특한 특징을 지닌 아주 새로운 세계예요. 그곳에서는 지구에서 도저히 상상할 수 없는 신비로운 일들이 벌어지고 있지요. 높은 산의 키만큼 솟아오르는 온천이 있는 위성도 있고, 쪼개졌다 다시 붙은 위성도 있고, 수킬로미터의 얼음으로 덮힌 위성도 있고, 암모니아 비가 쉴 새 없이 내리는 위성도 있어요. 물론 이런 신기한 곳에서 태어난 누군가가 있다면 그들은 오히려 지구의 자연을 도저히 이해할 수 없을지도 모르지요. 그러니 태양계에 있는 모든 행성과 위성은 하나하나가 아주 소중하답니다.

자, 이제 우주를 누비며 태양계 구석구석을 살펴볼까요? 안전띠를 잘 맸는지 확인했나요? 그럼 모두 함께 출발!

2012년 3월 이지유

차례

머리말 · 8

I. 태양계의 중심은 태양

1. 수많은 동그라미의 모임 - 태양계 · 16
2. 태양계를 밝히는 전구 - 태양 · 32

II. 지구를 닮은 행성들

3. 벌거벗은 행성 - 수성 · 48
4. 황금빛 담요를 둘러쓴 행성 - 금성 · 58
5. 산소, 바다, 생물이 있는 행성 - 지구 · 66
6. 지구의 단짝 - 달 · 72
7. 녹슨 철을 뒤집어쓴 행성 - 화성 · 84

Ⅲ. 목성을 닮은 행성들

8. 사라지지 않는 태풍의 비밀 - 목성 · 102
9. 태양계의 슈퍼 모델 - 토성 · 114
10. 심한 충격을 받은 행성계 - 천왕성 · 124
11. 어둠의 왕국 - 해왕성 · 130
12. 태양계 끝에서 찾아오는 꼬리 달린 손님 - 혜성 · 136

찾아보기 · 146
태양계 행성 정보 · 148

Ⅰ 태양계의 중심은 태양

태양계 (SOLAR SYSTEM)

태양의 중력에 이끌려 태양을 중심으로 그 주위를 돌고 있는 천체들의 모임. 태양과 8개의 행성, 각 행성의 위성들, 소행성, 혜성 등의 천체가 태양계를 이룬다.

1. 수많은 동그라미의 모임 - 태양계

깜짝 놀랄 이야기 하나 해 줄까?
흔히 지구를 초록 별이라고 하잖아?
하지만 그건 틀린 말이야.
지구는 별이 아니야.
금성도, 화성도, 목성도, 토성도 별이 아니란다.
달은?
물론 달도 별이 아니지!
그럼 별은 도대체 어디 있는 거냐고?

자, 이제 함께 별을 찾아볼까.
아침이면 떠오르는 해 있지?
'태양'이라고 부르기도 하는 그게 바로 별이야.
낮에 보이는 큰 별이지.
밤에는 더 많은 별을 볼 수 있어.
그 별들은 저 멀리 있는 다른 태양이야.
너무 멀리 있어서 점으로 보이는 거란다.
별들은 대개 밤에 보이지만 실은 낮에도 그 자리에 있어.
그런데 왜 보이지 않냐고?
그건 태양이 너무 밝아서 그런 거야.
태양에 비해 다른 별빛은 아주 약하거든.
다른 별빛들이 힘을 못 쓰게 하다니,
태양은 정말 대단하지?

그런데 왜 태양은 별이고 지구는 별이 아닌 걸까?
별이 될 수 있는 자격은 대체 뭘까?
태양은 스스로 빛을 내고 지구는 스스로 빛을 내지 못해.
다시 말해 태양이 전구라면 지구는 전구 앞에 있는 공인 셈이지.
전구를 켜면 공이 보이고, 전구를 끄면 공이 안 보이는 것처럼
스스로 빛을 내는 태양이 있어서 지구를 볼 수 있는 거란다.
화성도, 토성도, 목성도 태양이 없으면 보이지 않아.
이글이글 타오르는 태양 덕분에 이들을 볼 수 있는 거지.

아, 달을 잊었네!
태양이 불타오르지 않으면 달도 보이지 않아.
하지만 태양은 달라.
스스로 빛을 내기 때문에 아무 도움 없이도 그냥 보여.
그러니까 별은 태양처럼 스스로 빛을 내야 해.
스스로 빛을 내지 못하는 것은 별이 아니지.
그래서 지구는 별이 아닌 거야.

지구는 태양에서 약 1억 5000만 킬로미터 떨어진 자리에서
1년에 한 바퀴씩 돌고 있어. 이것을 '공전'이라고 해.
금성은 태양을 한 바퀴 돌고 제자리로 돌아오는 데 일곱 달 보름 정도 걸려.
화성은 거의 2년에 한 번 태양 둘레를 돈단다.
목성은 12년, 토성은 30년에 한 번 태양 둘레를 돌아.
이렇게 태양을 중심으로 그 둘레를 도는 걸 '행성'이라고 해.
드디어 지구의 정체를 알았지?
그래, 지구는 행성이야. 별이 아니라 행성!
금성도 행성, 화성도 행성, 목성도 행성, 토성도 행성이야.
그럼 달은?
어쩌지, 달은 행성도 아니거든.

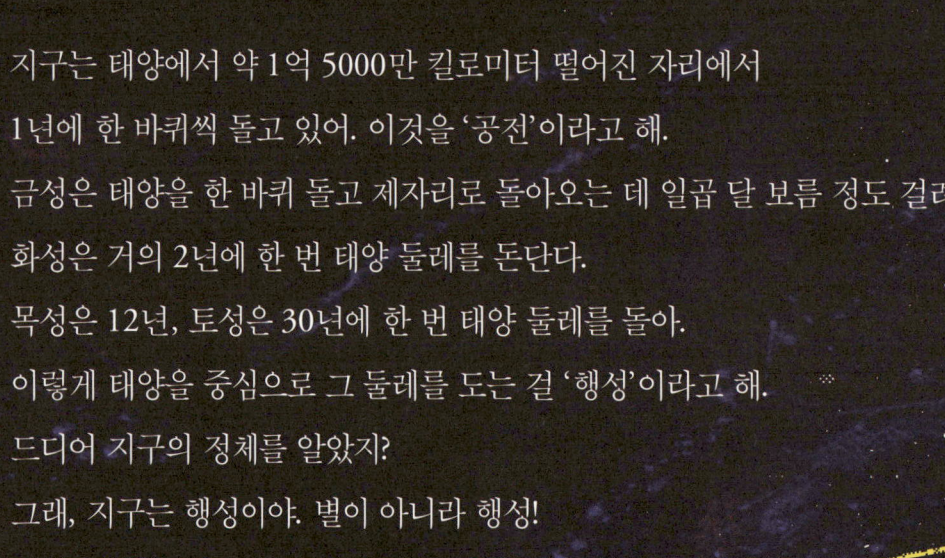

지구가 태양 둘레를 돌듯이, 달은 지구 둘레를 돌고 있어.
달처럼 행성 둘레를 도는 것을 '위성'이라고 해.
그러니까 달은 지구의 위성이지.
'인공위성'이라고 들어 봤니?
지구 둘레를 돌며 여러 가지 일을 하는 기계 말이야.
사람이 만들어 지구 둘레를 돌도록 쏘아 올려서 '인공위성'이라고 하는 거란다.
그러니 달은 '자연 위성'인 셈이지.
화성에는 '포보스'와 '데이모스'라는 위성이 있어.
목성에는 위성이 79개, 토성에는 82개나 있단다.
하지만 수성과 금성에는 위성이 하나도 없어.
밤에 달처럼 커다란 위성이 하나 뜨는 행성은 지구뿐이야.
행성마다 밤의 풍경은 모두 다르단다.

자, 이제 눈을 감고 상상해 봐.
커다란 종이에 그림을 그려 봐도 좋아.
먼저 이글거리는 태양을 그린 다음,
태양 둘레를 돌고 있는 수성, 금성, 지구, 화성, 목성, 토성,
천왕성, 해왕성을 차례로 그려 보는 거야.
지구 둘레에는 달이 돌고 있고,
화성 둘레에는 포보스와 데이모스가 돌고 있어.
목성에는 위성이 79개, 토성에는 82개,
천왕성에는 27개, 해왕성에는 14개의 위성이 있지.
어때? 동그라미가 너무 많아서 정신이 없을 거야.
자, 이제 이 상상 그림의 제목을 적어 넣어 봐.
마음대로 제목을 정하고 싶겠지만 이 그림에는 이미 제목이 있어.
그건 바로 '태양계'!
스스로 빛을 내는 태양과 그 둘레를 돌고 있는 행성들,
행성 주변을 열심히 도는 위성들이 한가족을 이룬 것,
이것을 '태양계'라고 해.

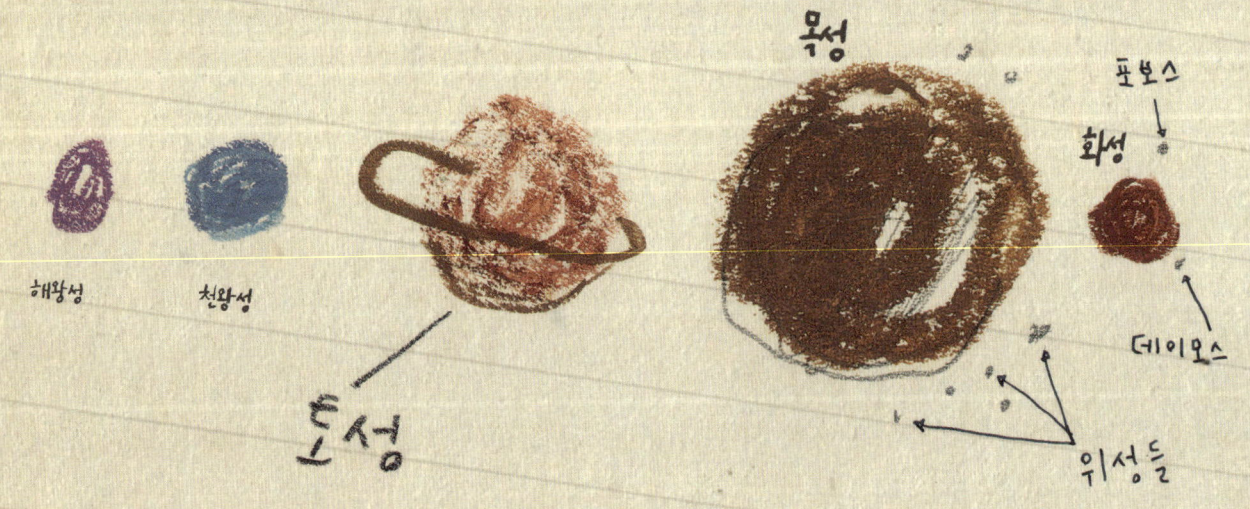

수수께끼 하나 낼게, 맞혀 봐.
태양계에는 몇 개의 별이 있을까?
하나라고? 맞아, 태양만 별이야.
음, 이 수수께끼는 너무 쉬웠나 봐.
그럼 이번엔 아주 어려운 문제를 하나 낼게.
지구가 왜 태양을 돌게 되었는지,
태양계가 어떻게 이런 모습으로 생겨나게 되었는지
정확히 아는 사람 대답해 봐.
하하, 답을 모른다고 너무 기분 나빠 하지는 마.
이걸 정확히 아는 사람은 아무도 없으니까
모르는 것이 당연해!

태양계의 행성들과 위성들은 같은 것이 하나도 없단다.
크기도 다르고 표면 온도와 공기의 성분도 모두 달라.
우리 얼굴이 모두 다르듯이 말이야.
밤에는 무수히 많은 별들이 보여.
아주아주 멀리 있는 또 다른 태양들이지.
그 별들 가운데에는 행성을 거느린 것이 많아.
밤하늘에는 무수히 많은 '다른 태양계'가 있는 거야.
그 다른 태양계 역시 같은 것이 하나도 없어.

태양계가 아닌 다른 태양계를 '외계 행성계'라고 해.
외계 행성계의 행성은 잘 보이지 않아.
스스로 빛을 내는 별도 저렇게 작게 보이는데
그 옆에 있는 희미한 행성이 보일 리 없겠지.
그런데 갑자기 궁금해지지 않아?
눈에 보이지는 않지만 외계 행성계 별 옆에 있는
알려지지 않은 행성들에 대해서 말이야.
그 가운데는 지구처럼 온갖 생물이 살고 있는
외계 행성이 있을지도 몰라.
우주는 정말 재미있는 곳이야.

여행사 소개 | 항공권 | 숙박

NEW EVENT

아이들에게 잊지 못할 좋은 추억을 남겨 주고 싶은 부모님들의 현명한 선택, 태양계 체험 프로그램! 지금 바로 〔신청〕을 누르세요. 패키지 상품으로 신청하면 더욱 저렴해요. 은하계 여행사로 문의하세요.

프로그램 신청

금성

여러분께 지구의 어떤 찜질방보다 확실하게 뜨거운 열을 선사합니다.
금성 찜질방으로 오세요!

화성

태양계의 가장 높고 웅장한 화산에서 패러글라이딩을 즐겨 보고 싶지 않으신가요?
화성의 올림퍼스 화산으로 오세요!

목성

용암이 우산처럼 뿜어져 나오는 세계,
온 사방이 주황색으로 둘러싸인 세계로 모십니다.
목성의 위성 '이오'로 출발!

행사 상품 SALE 30% | 커뮤니티

SEARCH

 SOLAR 공지사항

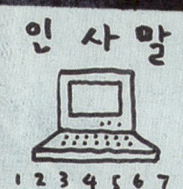 인사말 1234567

 오시는길

 QUICK MENU

토성

뱅글뱅글 도는 돌들이 공중에 수없이 떠 있는 신비한 곳! 토성의 테 속으로 신비한 여행을 떠납니다. 다 함께 꽈배기 꼬리를 찾으러 가요!

해왕성

태양계에서 가장 춥고 어두운 곳! 끝이 보이지 않는 물줄기가 하늘 높이 솟아오르는 곳! 해왕성의 위성 '트리톤'으로 가 보실래요?

목성&토성

지구의 남극과 북극에서만 오로라를 즐길 수 있는 건 아닙니다. 초특급 슈퍼 울트라 익스트림 오로라! 평생 기억에 남을 목성과 토성의 오로라를 즐겨 보세요.

태양 (SUN)

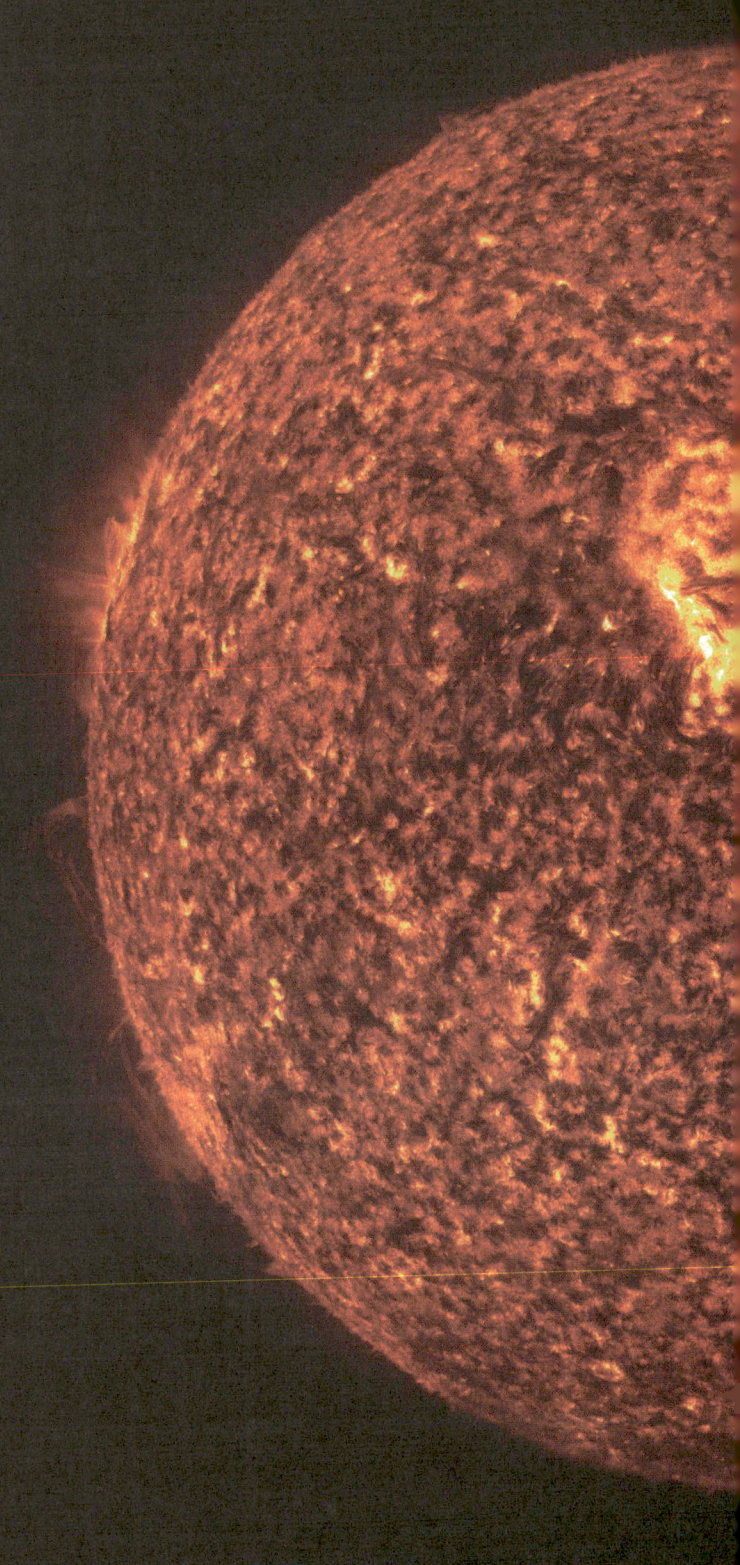

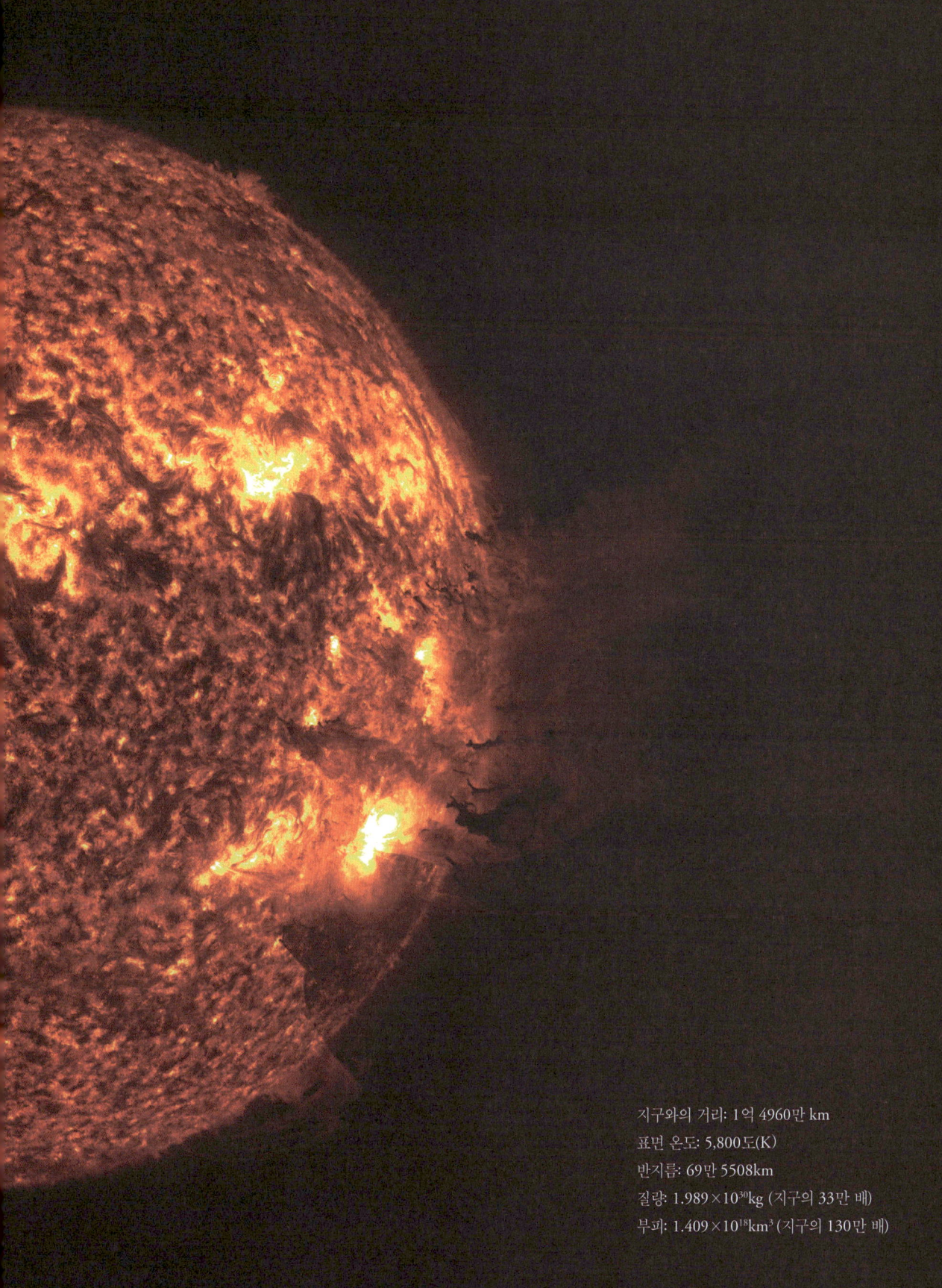

지구와의 거리: 1억 4960만 km
표면 온도: 5,800도(K)
반지름: 69만 5508km
질량: 1.989×10^{30}kg (지구의 33만 배)
부피: 1.409×10^{18}km³ (지구의 130만 배)

2. 태양계를 밝히는 전구 - 태양

태양계의 중심은 태양이야.

태양은 아주 커. 그냥 큰 게 아니고 무지무지 크다고!

태양의 지름은 지구를 109개 늘어놓은 것과 같아.

자동차를 타고 태양 속으로 들어가 반대편으로 나오려면
1년 하고도 8개월이 걸린단다.

태양은 너무 뜨거워서 그 속으로 못 들어간다고?

그럼 태양 둘레를 빙 돌아보지 뭐.

자동차를 타고 태양 둘레를 한 바퀴 돌아보려면
무려 5년이나 걸려.

5시간도 아니고, 5달도 아니고, 5년 말이야!

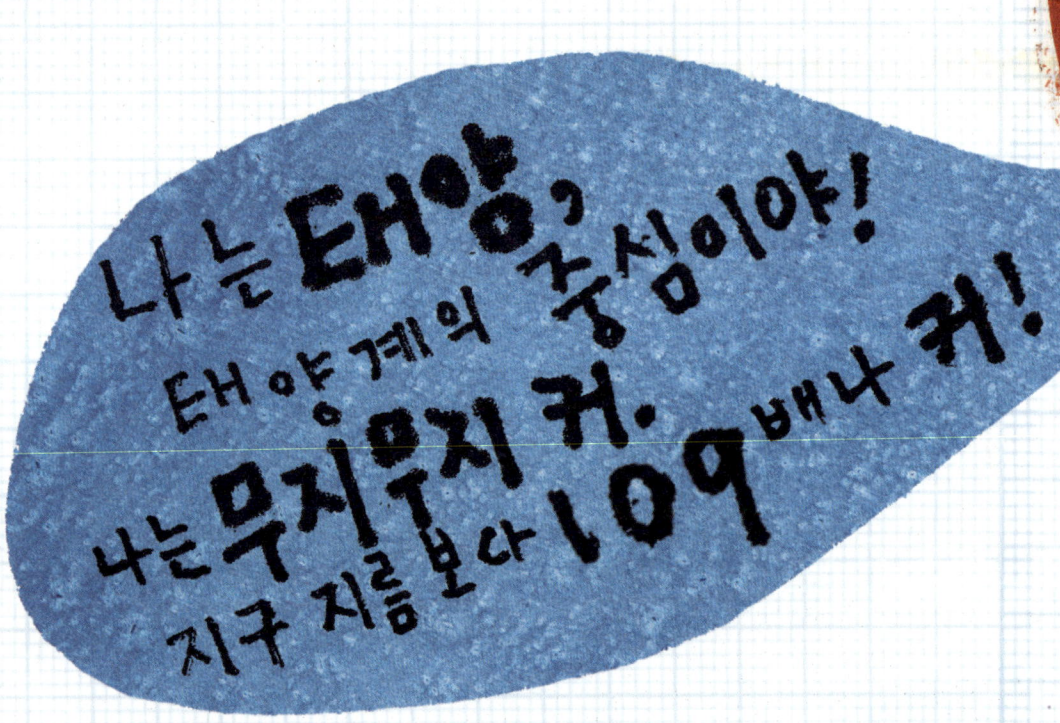

나는 태양, 태양계의 중심이야!
나는 무지무지 커.
지구 지름보다 109배나 커!

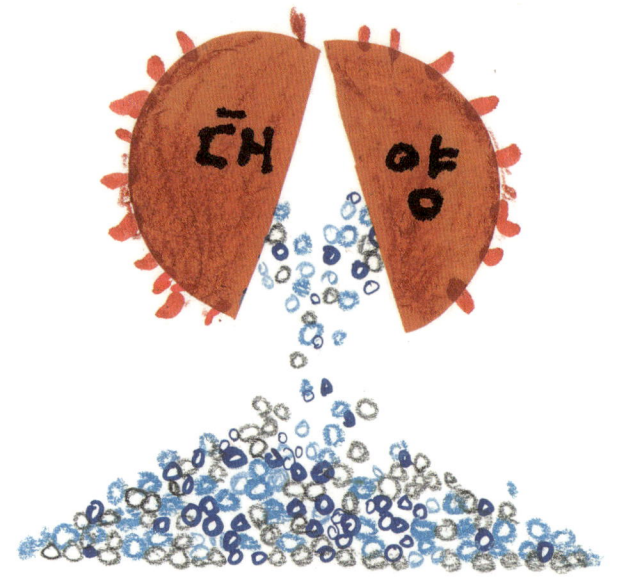

태양만 한 그릇을 만들고 그 속을 지구로 채우려면
지구를 130만 개나 넣어야 해. 130개가 아닌 130만 개 말이야!
또 얼마나 무거운지, 지구보다 33만 배나 무겁다니까.
이런저런 방법으로 태양과 지구의 크기를 비교해 보아도
태양의 크기를 상상하는 건 정말 어려워.
비교할 수 있는 것이 아무것도 없기 때문이지.
우리가 알고 있는 가장 높은 건물과 산, 가장 넓은 바다까지
다 동원해도 태양의 크기와 견줄 수는 없어.

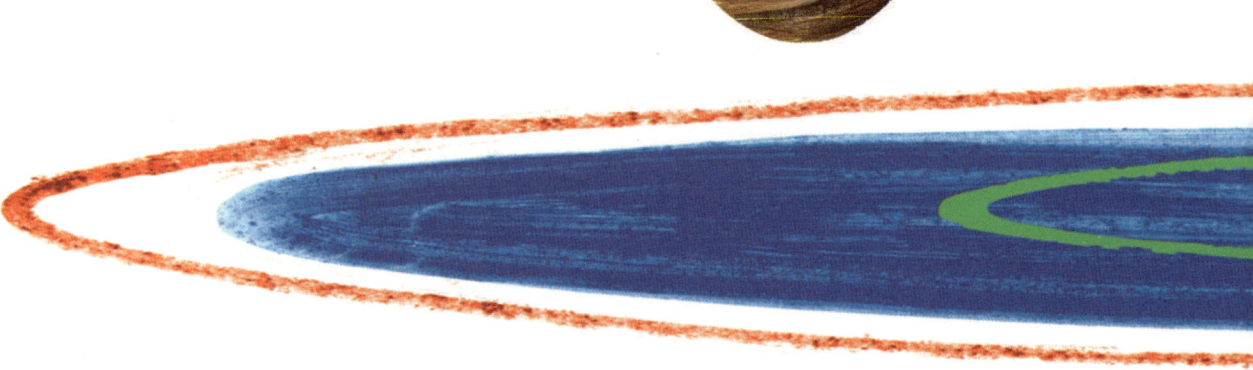

태양은 무지무지 커!

태양은 정말정말 아주아주 엄청나게 커.
태양계에 있는 어느 행성보다 크고 무겁지.
그리고 태양계에서 가장 힘이 세단다.
과학자들은 그 힘을 '중력'이라고 해.
태양이 아주 강력한 중력으로 행성들을 붙들고 있어서
행성들이 태양계 밖으로 튀어 나가지 않는 거란다.

태양은 어떻게 스스로 빛을 내는 걸까?
무엇이 태양 속에 있어서 저렇게 뜨겁게 타오르는 걸까?
석유? 나무? 아니면 석탄?
아니면 엄청나게 많은 신문지?
아니, 모두 아니야!
석유가 아무리 활활 타올라도 태양처럼 뜨거워질 수는 없단다.
나무나 석탄도 마찬가지야.
불타는 태양의 연료는 바로 눈에 보이지도 않고
만질 수도 없는 '수소'라는 기체야.
태양은 엄청나게 큰 수소 덩어리야.
그 수소를 태워서 빛과 열을 만들지.

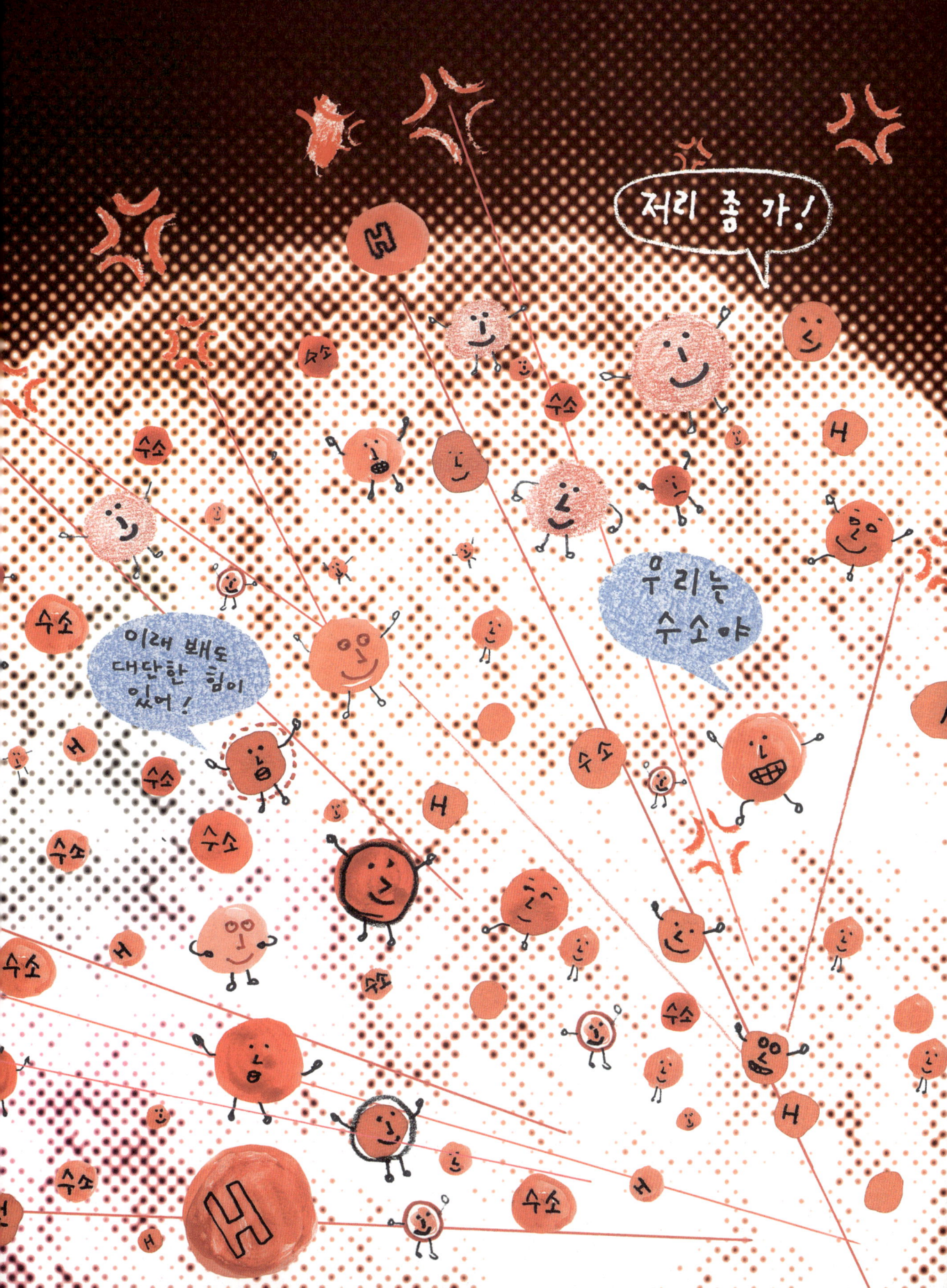

걱정 마. 아직 50억 년이나 탈 수 있으니까.

수소 다 쓰면 어떻게 해요?

그런데 태양이 수소를 다 쓰면 어떻게 될까?
태양은 곧 다른 연료를 찾아 태우겠지만 그건 오래 가지 못할 테니
끝내 피식 꺼져 버리고 말 거야.
그렇게 되면 태양계를 밝혀 줄 전구가 꺼져 버려서
낮이라고는 없는 깜깜한 밤만 이어지겠지.
또 아주 추워질 거야.
하지만 너무 걱정하지 마.
그건 50억 년이나 지난 뒤에 일어날 일이니까.
태양 속에는 아직 수소가 많이 남아 있어.
지금 태양은 아주 평화롭게 수소를 태우며 지내고 있단다.
덕분에 지구의 낮은 밝고 생물이 얼어 죽지 않을 만큼 따뜻하지.
지금은 더할 나위 없이 아주 좋아.

언제까지 우리에게 빛을 줄 수 있나요?

태양의 색깔은 주황색이야.
어, 그렇다고 태양을 뚫어지게 쳐다보면 안 돼.
맨눈으로 태양을 바라보면 시력이 나빠질 수 있거든.
태양이 아닌 다른 별들도 색깔이 있어.
밤하늘을 주의 깊게 관찰하면 별에 색이 있다는 것을 알게 될 거야.
흰색, 파란색, 주황색, 빨간색 등 색도 가지가지란다.
별은 거죽 온도에 따라 색이 달라져. 만약 밤하늘에서
주황색 별을 발견한다면 그건 거죽 온도가 태양과 같은 별이야.
어때, 별의 색을 구분하다니 뭔가 대단한 것을 알게 된 거 같지?
별의 색을 구분할 수 있다면, 정말 대단한 거란다.
태양의 거죽 온도는 5,800도(K)야. 으아, 정말 뜨겁겠지!
태양 표면에는 '흑점'이라는 주근깨도 있어.
아, 흑점만 없다면 태양은 정말 깨끗할 텐데, 아무리 애를 써도
흑점은 없어지지 않아. 없어지기는커녕 마구 늘어나기도 해.
물론 줄어들기도 하지만 말이야.
주근깨가 생겼다 없어졌다 하다니, 정말 이상하지?

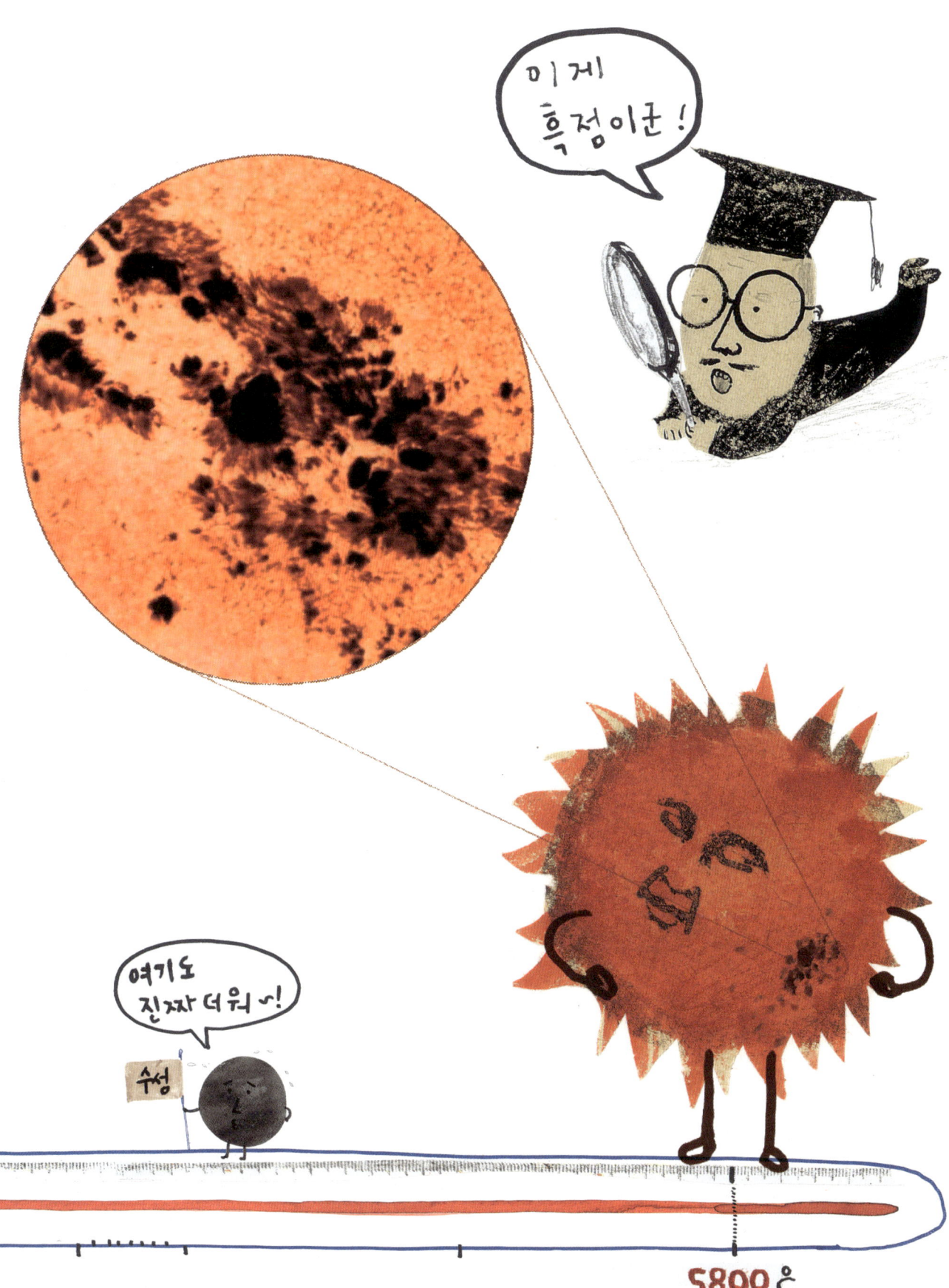

흑점 없는 깨끗한 태양이 좋을 것 같지만 꼭 그렇진 않아. 흑점이 많다는 건 태양의 활동이 왕성하다는 뜻이야. 흑점이 적다는 건 그 반대 상황인 거지. 실제로 1645년부터 1715년까지 흑점이 아주 적은 때가 있었는데, 그때 지구의 평균 기온이 떨어져서 겨울에는 모든 강이 꽁꽁 얼어붙고 더워야 할 여름에도 줄곧 서늘했대. 여름이 덥지 않아서 좋았겠다고? 그렇지 않아. 여름이 서늘하면 열매가 여물지 못해서 농사를 망치게 돼. 그럼 식량이 모자라서 굶는 사람이 생기게 되지.

나 깨끗해졌지?

여름이 왜 이렇게 추워?

흑점 치료제

그리고 겨울에 추우면 집을 따뜻하게 하느라 전기나 석유를 많이 써야 하잖아. 그러니 보기에는 좀 그렇지만 흑점이 적당히 있는 것이 좋아. 흑점이 있다는 것은 태양이 건강하게 살아 있다는 뜻이니까. 태양의 강력한 중력은 지구가 태양계에서 벗어나지 않도록 붙들어 주고, 태양이 수소를 태워 내놓는 빛과 열은 지구를 데워 생물이 생겨나고 살아갈 수 있게 해 주었어. 태양이 없으면 지구에는 바람도 없고, 꽃도 없고, 파도도 없지. 그리고 우리도 없어. 그러니까 태양은 정말 중요하단다.

올해 농사 또 망쳤어.

II 지구를 닮은 행성들

수성 (MERCURY)

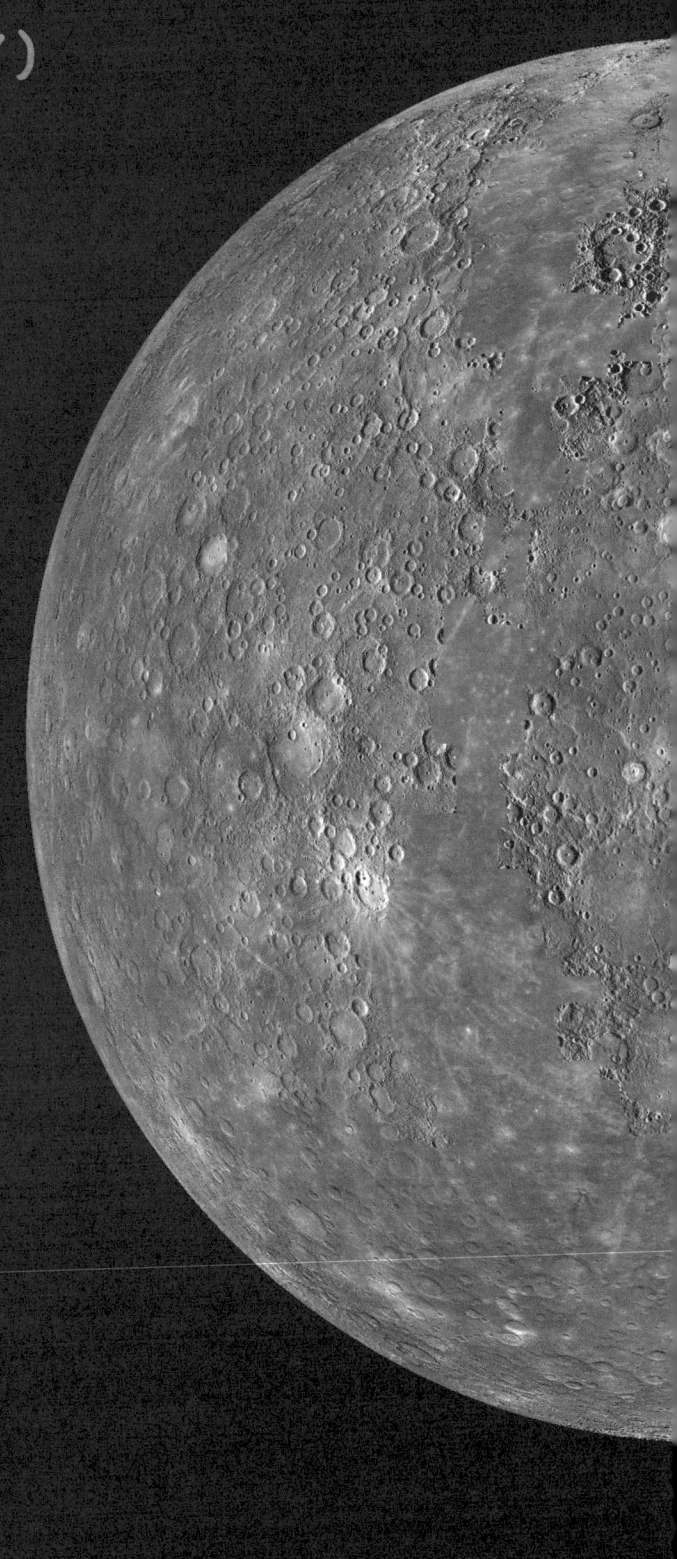

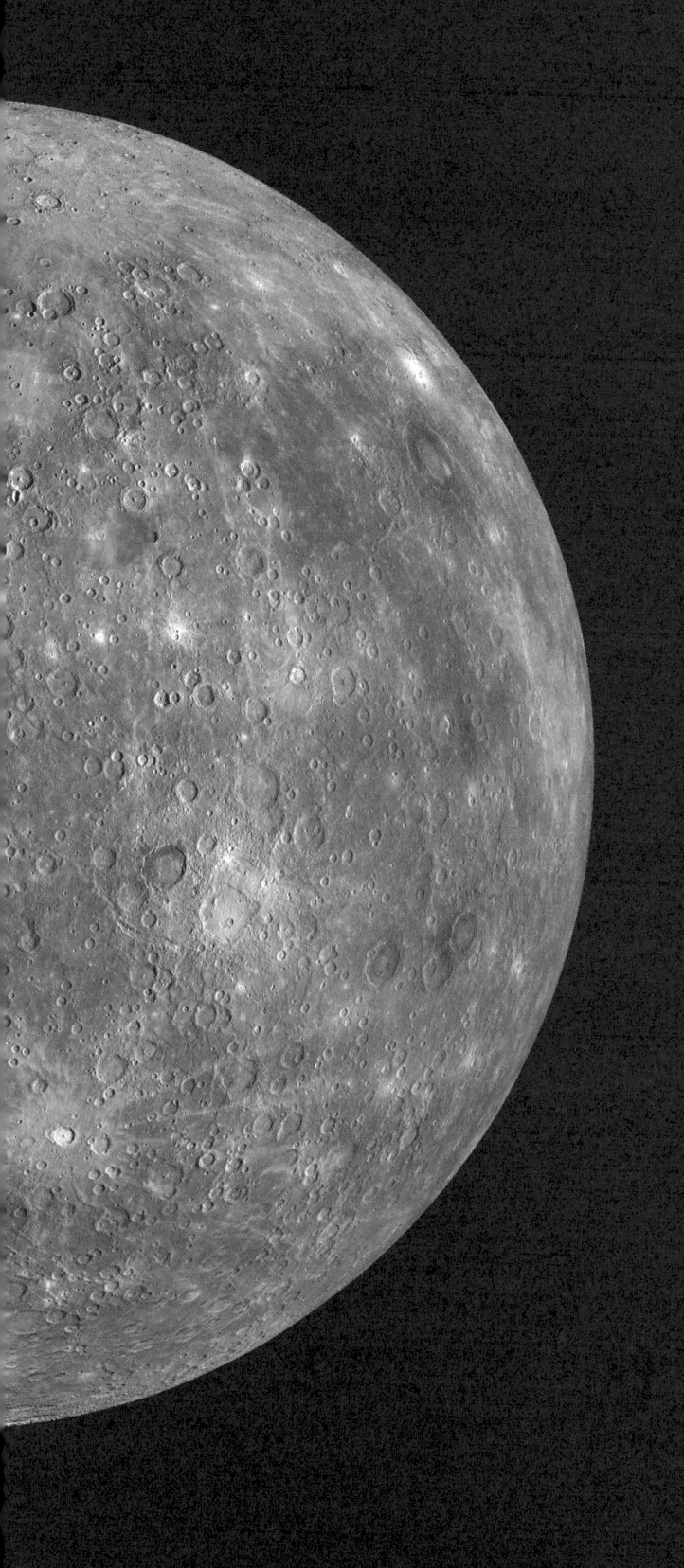

태양과의 평균 거리: 5791만 km
반지름: 2439.7km
질량: 3.301×10^{23}kg (지구의 0.055배)
부피: 6.082×10^{10}km³ (지구의 0.056배)
공전 주기: 88일 | 자전 주기: 59일

3. 벌거벗은 행성 - 수성

태양에서 가장 가까운 행성은 수성이야.
수성은 태양 둘레를 한 바퀴 도는 데 88일이 걸려.
수성을 영어로 '머큐리'라고 하는데,
이것은 로마 신화에 나오는 신의 이름이야.
머큐리는 날개 달린 모자와 신이 있어서
원하는 곳으로 재빠르게 갈 수 있지.
머큐리가 어떤 신이냐고?
머큐리는 '소식을 전하는 신'이야.
요즘 같으면 우편 배달부인 셈이지.
사람들은 태양의 둘레를 빠르게 돌고 있는 수성이
마치 날개 달린 신을 신고 빠르게 날아가는
머큐리를 닮았다고 생각했나 봐.
만약 수성에 새 이름을 붙일 수 있다면 뭐라고 할래?
한번 마음대로 붙여 봐.
이름을 함부로 바꾸면 안 된다고?
뭐, 어때? 그 옆에 작게 수성이라고 써 넣으면 되지.

수성에는 움푹 팬 구덩이가 아주 많아.
사람들은 구덩이마다 셰익스피어, 바흐, 괴테, 모차르트, 톨스토이 같은
소설가나 예술가, 철학가의 이름을 붙였어.
달에도 수성처럼 구덩이가 아주 많아.
달에 있는 구덩이에는 아리스토텔레스, 코페르니쿠스, 갈릴레이 같은
과학자들의 이름이 붙어 있지.

수성에서는 지구에서 보는 것보다 태양이 훨씬 커 보여.
두세 배는 커 보이지. 그만큼 햇볕도 세서 낮에는 견딜 수 없을 만큼 뜨겁단다.
수성의 낮 온도는 427도나 되거든.
태양이 바로 코앞에 있으니 뜨거운 것이 당연하지만 이상한 점이 있어.
밤이 되면 영하 173도로 온도가 뚝 떨어진다는 거지.
아무리 밤이라지만 태양에서 가까운 수성이 왜 지구보다 더 추운 거냐고!
지구에서 제일 춥다는 남극이나 북극은 아무리 추워도
영하 100도 아래로 내려가지 않는데 말이야.

그건 수성이 옷을 입지 않아서 그래. 옷을 입지 않고 뜨거운 햇볕 아래 나가 봐. 너무 뜨거워서 화상을 입고 말 거야. 옷을 입지 않고 눈 속에 있어 봐. 아마 동상에 걸릴 거야. 행성이 무슨 옷을 입냐고? 행성에게는 '공기'라는 옷이 있어. 지구는 공기로 둘러싸여 있어서 옷을 입고 있는 거와 같아. 하지만 수성은 너무 작고 가벼워서 공기를 붙잡을 힘이 없어. 공기가 없으니 수성은 벌거벗은 행성인 셈이지. 그래서 태양 빛을 받은 곳은 아주 뜨겁고, 태양 빛이 닿지 않은 부분은 꽁꽁 얼어 있는 거란다.

수성의 하루와 1년은 지구와 전혀 달라.
수성에서는 176일에 한 번 해가 뜨고 지는데,
1년은 88일이거든. 정말 이상하지?
그건 수성이 태양 둘레를 두 바퀴 돌아야 낮과 밤이
한 번 지나가기 때문이야. 해가 뜰 때는 갑자기 뜨고
해가 질 때는 저녁노을도 없이 갑자기 사라져.
노을을 볼 수 없는 것도 공기가 없기 때문이지.
게다가 낮에 보이는 태양은 이상하기 그지없어.
해가 뜰 때는 지구에서 보는 것보다 두 배 정도 커 보이지만
해가 머리 꼭대기에 있는 한낮에는 세 배나 커 보이거든.
우리의 하루는 지구에서만 느낄 수 있는 거야.
지구를 벗어나면 행성마다 아주 색다른 하루가 펼쳐진단다.

금성 (VENUS)

태양과의 평균 거리: 1억 821만 km
반지름: 6051.8km
질량: 4.867×10^{24}kg (지구의 0.82배)
부피: 9.284×10^{11}km^3 (지구의 0.86배)
공전 주기: 225일 | 자전 주기: 243일

4. 황금빛 담요를 둘러쓴 행성 - 금성

태양에서 두 번째로 가까운 행성은 금성이야.
금성이야말로 정말 두꺼운 옷을 입고 있어. 음, 옷이라기보다는 이불이라고
하는 편이 옳겠다. 가만, 이불보다 담요라고 하는 게 더 그럴듯한 것 같네.
금성은 '이산화 탄소'라는 아주 두꺼운 담요를 뒤집어쓴 행성이야.
이산화 탄소 담요는 열에 대한 욕심이 아주 많아서 여간해서는 담요 안으로 들어온
열을 밖으로 내보내지 않아. 금성은 차곡차곡 이산화 탄소 담요 안으로 모인 열 때문에
표면 온도가 500도에 가까울 정도로 아주 뜨거운 행성이 되고 말았어.
아무도 가고 싶어 하지 않을 만큼 정말 뜨겁고 푹푹 찐단다.

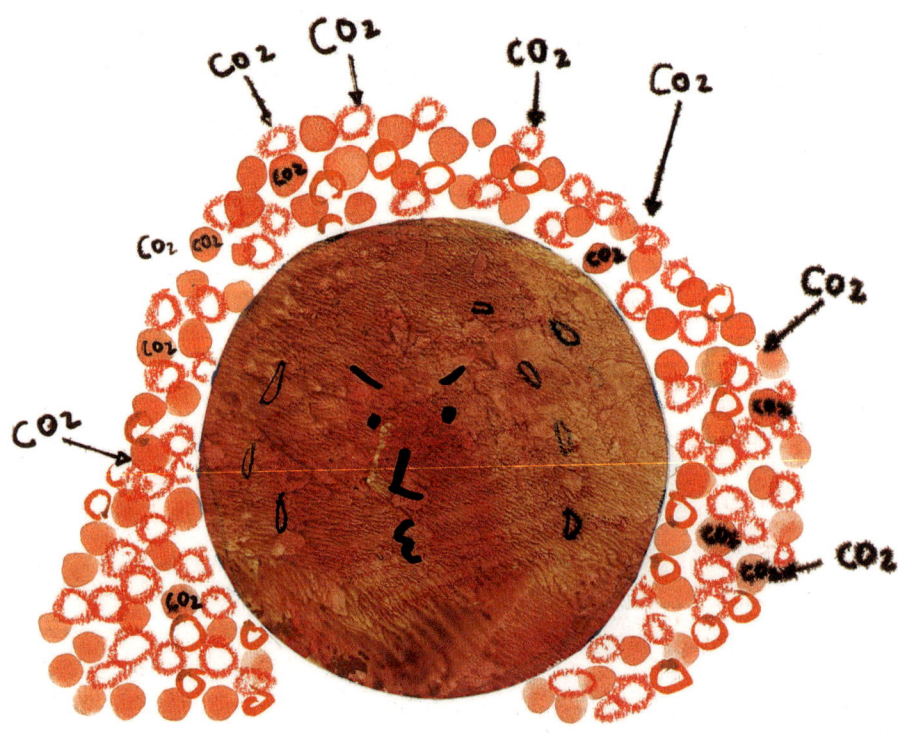

한 번 들어온 열이 여간해서 빠져나가지 않아 더워지는 현상을
'온실 효과'라고 해. 식물원에 있는 온실에서는 유리가, 금성에서는 이산화 탄소가
열이 빠져 나가는 것을 막아서 온실 효과를 일으키지.
지구에도 이산화 탄소가 점점 늘어나면서 온실 효과가 심해지고 있어.
그 바람에 지구가 자꾸 더워져서 북극과 남극의 얼음이 녹고,
섬이 물속으로 사라지기도 하지.
또 그곳에 살던 동식물이 살 곳을 잃어 죽어 가고 있어.
온실 효과가 적당하면 좋지만, 지나치면 생물이 살지 못하는 환경이 되고 만단다.

서양에서는 금성을 '비너스'라고 해.
로마 신화에 나오는 아름다움과 사랑의 여신 이름이지.
우리나라에서는 '샛별'이라고 불렀어.
금성은 해가 질 무렵 서쪽 하늘에 나타나 번쩍번쩍 빛나기도 하고
해돋이 전 동쪽 하늘에 나타나기도 하지.
금성이 얼마나 밝기에 샛별이라는 이름을 붙여 준 걸까.

금성이 밝게 보이는 이유는 지구와 가까이 있기 때문이야.

노랗게 보이는 이유는 황산 때문이지.

금성을 둘러싸고 있는 담요에는 이산화 탄소 말고도 황산이 있어.

황산 때문에 금성이 햇빛을 받으면 노랗고 아주 밝게 빛나 보이는 거란다.

사람들은 종종 해 질 녘에 나타난 금성을 보고

미확인 비행 물체인 UFO가 나타났다고 착각하기도 해.

금성이 길쭉해 보이기 때문에 우주선이라고 착각하는 거지.

실제로 금성을 망원경으로 보면 둥글게 보이기도 하고

반달 모양이나 초승달처럼 보이기도 해.

태양 빛이 금성에 닿는 면만 보이기 때문이지.

날마다 달 모양이 변하는 것과 같은 원리야.

우리는 금성이든 달이든 태양 빛이 비추는 곳만 볼 수 있으니까.

금성은 크기와 무게가 지구와 비슷해.

아마 멀리서 보면 사이 좋은 쌍둥이처럼 보일지도 몰라.

어때, 황금색 금성과 푸른색 지구가 아주 잘 어울리지?

하지만 꼼꼼히 따져 보면 성격이 정반대인 쌍둥이야.

금성은 위성이 없지만

지구는 위성인 달을 데리고 있어.

금성은 뜨겁고 푹푹 쪄서 생명체가 살 수 없지만

지구는 생명체가 살기 좋은 적당한 온도를 유지하고 있지.

금성은 공기가 너무 진해서 땅을 볼 수 없지만

지구는 공기가 맑고 투명해서 바다와 땅을 볼 수 있어.

금성의 하루는 243일, 아주 길어.

지구의 하루는 1일, 우리에겐 적당해.

그런데 만약 금성에 생명체가 산다면 이렇게 말하지 않을까?

'지구는 너무 춥고 하루가 너무 짧아서 살기에 적당하지 않아!'라고 말이야.

그래, 누구에게나 고향이 좋은 거니까.

지구 (EARTH)

태양과의 평균 거리: 1억 4960만 km
반지름: 6371km
질량: 5.972×10^{24}kg
부피: 1.083×10^{12}km^3
공전 주기: 365일 | 자전 주기: 24시간

5. 산소, 바다, 생물이 있는 행성 - 지구

세 번째 행성은 바로 지구야. 땅 지(地) 자에 공 구(球), '둥근 땅'이라는 뜻이지.
지구는 우리가 살고 있는 곳이야. 지구에는 다른 행성과 달리 물이 아주 많아.
지구 표면의 반 이상인 70퍼센트가 바다로 덮여 있단다.
우주에서 지구를 보면 땅보다 바다가 더 많이 보이지. 그래서 어쩌면
'지구'보다는 '수구'가 더 적당한 이름인지도 몰라. 물 수(水) 자를 써서 말이야.
태양계에 있는 행성 가운데 지구에만 물이 흐르고 있어.
과학자들은 바다에서 생물이 생겨났다고 믿고 있지.
만약 지구에 바다가 없었다면 우리는 지금 없을지도 몰라.
지구의 공기에는 산소가 오분의 일 정도 있어. 이 산소 덕분에
우리가 숨 쉴 수 있는 거야. 하지만 처음부터 지구에 산소가 많았던 건 아니란다.
산소를 처음 만든 건 아주 먼 옛날 바닷속에 살던 작은 생물이야.
작은 생물이 20억 년 동안 산소를 뿜어내서 오늘과 같은 환경이 되었어.
지금은 지구에 퍼져 있는 식물들이 산소를 만들고 있지.
공기 중에 산소가 이렇게 많은 행성은 지구밖에 없단다.
태양계의 다른 행성에는 산소가 거의 없어.

지구에는 봄, 여름, 가을, 겨울 사계절이 있어.

지구에 사계절이 생기는 이유는 지구가 약간 기운 채로 태양 둘레를 돌기 때문이야. 똑바로 서서 도는 게 아니라는 거지.

지구처럼 기운 채 태양 둘레를 도는 행성은 다 사계절이 있어.

하지만 봄에 꽃이 피고, 가을에 단풍이 지는 모습은 지구에서만 볼 수 있단다.

산소를 만드는 식물이 있는 지구에서만 말이야.

사람들은 대지의 여신 이름을 따서 지구를 '가이아'라고 부르기도 해.

그리고 지구가 살아 있다고 생각하기도 하지.

어떻게 지구가 살아 있느냐고? 잘 생각해 봐.

보도블록 좁은 틈 사이에 핀 민들레를 본 적 있지?

누가 거기에 꽃씨를 뿌렸을까? 바로 바람이야.

'세계의 지붕'이라고 불리는 히말라야산맥의 산들은 해마다 조금씩 높아지고 있어. 바다 밑에서는 날마다 새로운 땅이 솟아나고 있지.

대체 누가 산을 들어 올리고 땅을 만드는 걸까?

그런 일을 할 수 있는 사람은 아무도 없어.

오로지 지구만 할 수 있는 일이지.

그래서 사람들이 지구를 돌덩어리가 아닌 '살아 있는 행성'이라고 생각하는 거란다.

달 (MOON)

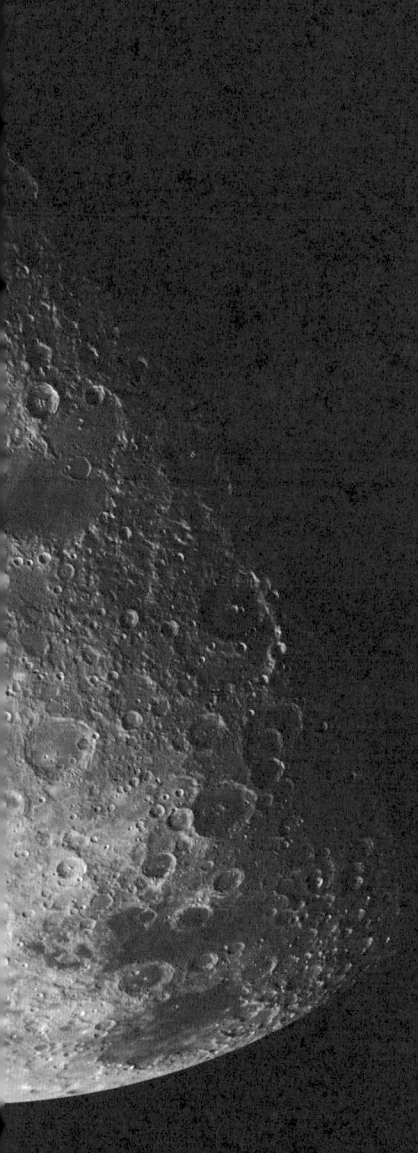

지구와의 평균 거리: 38만 4400km
반지름: 1737.5km
질량: 7.348×10^{22}kg (지구의 0.012배)
부피: 2.197×10^{10}km^3 (지구의 0.02배)
공전 주기: 27일 | 자전 주기: 27일

6. 지구의 단짝 - 달

지구를 이야기하면서 달을 빼고 갈 수는 없어.

달은 지구의 가장 친한 친구거든.

달은 참 익살스러운 단짝이야.

우리에게 날마다 다른 모습을 보여 주니까.

어느 날은 눈썹 모양이었다가 날마다 조금씩 차올라서

일주일이 지나면 오른쪽이 둥근 반달이 되고

일주일이 더 지나면 둥근 보름달이 돼.

그렇게 한가득 차오르면 그때부터 달은 점점 살이 빠져.

일주일이 지나면 왼쪽이 둥근 반달이 되고

일주일이 더 지나면 달은 아예 보이지 않지.

달은 날마다 50분씩 늦게 뜬단다.

오늘 저녁 6시에 달이 떴다면 내일은 6시 50분에 뜨는 거지.

날마다 늦게 뜨면서 모습도 달라지다니!

이건 다 지구 친구들을 심심하지 않게 해 주려는 달의 배려란다.

달이 없는 지구는 상상도 할 수 없어.
그런데 늘 가까이 있으면 종종 중요한 줄 모르는 경우가 있잖아?
달이 그런 것 같아. 달은 알게 모르게 지구의 생물에게 큰 영향을 미치고 있거든.
달이 사라지면 어떤 일이 일어나는지 한번 생각해 볼까?
달이 없다면 올빼미같이 밤에 활동하는 동물은 굶어 죽고 말아.
그러지 않아도 눈이 나쁜데 달빛까지 사라지면
도저히 먹이를 잡을 수 없게 될 테니까.
또 올빼미가 쥐를 잡지 않으면 쥐가 많아져.
쥐는 농작물을 망치고 전염병을 옮기지.

게처럼 달빛의 변화에 맞추어 짝짓기를 하는 생물도 사라지게 될 거야.
달이 없다면 짝짓기도 못하고 알을 낳지도 못할 테니까.
게가 없어지면 게를 먹고 사는 큰 물고기도 살 수 없어.
동물이나 식물 한 종류가 사라지면 그것으로 끝나는 것이 아니야.
지구의 동물과 식물은 서로 먹고 먹히는 사슬 관계에 있는데
그 관계가 깨져 버리는 거지.
결국 달이 없으면 사람도 살기 힘든 환경이 되고 말아.

달이 없으면 밀물과 썰물의 차이도 많이 줄어든단다.
그럼 갯벌이 사라지게 돼.
갯벌이 사라지면 낙지, 바지락, 맛 같은 갯벌 생물이 죽고 말지.
갯벌 생물이 사라지면 어민들이 살 수 없어.
서해 무창포처럼 바닷길이 열리는 일도,
바닷길이 열릴 때마다 벌어지는 축제도 사라지겠지.
갯벌에 살던 생물이 사라지니 살던 사람도 떠나고 찾아오는 사람도 없어서
바다는 쓸쓸하고 심심한 곳으로 변하고 말 거야.

달이 없다면 지구가 지금보다 더 많이 기울지도 몰라. 팽이가 쓰러지기 직전에 윗부분이 마구 흔들리는 것처럼 달이 없다면 지구도 그렇게 휘청거렸을 거야. 물론 이런 변화는 천천히 일어나기 때문에 우리는 못 느낄 수도 있어. 하지만 그렇게 되면 지구에는 사계절이 사라질 뿐 아니라 지구의 어느 곳은 너무 더워서 난리가 나고, 다른 곳은 너무 추워서 생물이 살 수 없게 되지. 우리나라에 사계절이 사라지지 않으려면 달이 꼭 있어야 해.
어때, 달이 새삼스레 소중하게 느껴지지?

이렇게 소중한 달에 가 보고 싶지 않니?
물론 가 보고 싶은 사람은 많을 거야.
하지만 지구를 떠나 달에 가는 일은 아주 어려워.
아주 큰 로켓과 잘 만든 탐사선이 있어야 하는데,
만들기가 그리 쉽지 않거든.
하지만 사람들은 '아폴로'라는 우주선을 만들었고,
우주 비행사들은 아폴로호를 타고 달에 다녀오는 데 성공했어.
달에 가서 암석도 주워 오고 흙도 퍼 왔지.
기념사진도 찍고 말이야.

달에서 가져온 돌은 다이아몬드보다 훨씬 비싸.
지구에서는 구하기 힘든 아주 귀한 돌이거든.
귀하다고 해서 보석처럼 목걸이를 만들 때 쓰지는 않아.
달에서 가져온 돌은 과학자들이 달을 연구할 때 쓴단다.
과학자들이 열심히 연구하고 있지만 달에 대해 아는 것은 별로 없어.
연구할수록 수수께끼 같은 질문만 자꾸 늘어 가지.
아마 달에 살면서 연구해야 달에 대한 궁금증을 속 시원히 풀 수 있을지도 몰라.
그런 날이 빨리 왔으면 좋겠지?
달을 연구하는 '달 지질학자'가 되어서 달에 살면 정말 재미있을 거야.

화성 (MARS)

태양과의 평균 거리: 2억 2794만 km
반지름: 3389.5km
질량: 6.417×10^{23}kg (지구의 0.107배)
부피: 1.631×10^{11}km³ (지구의 0.151배)
공전 주기: 687일 | 자전 주기: 24시간 37분

7. 녹슨 철을 뒤집어쓴 행성 - 화성

화성은 붉게 보이는 행성이야.

화성이 붉게 보이는 까닭은 흙에 산화 철이 섞여 있기 때문이지.

산화 철이 뭐냐 하면 한마디로 녹슨 철이야.

철은 원래 산소를 좋아해.

기회만 있으면 산소의 손을 잡으려고 애를 쓴단다.

그게 바로 붉은 녹이야. 그래서 화성이 붉게 보이는 거지.

옛날 사람들은 이런 사실을 잘 몰랐던 탓에
싸움을 좋아하는 외계인이 화성에 산다고 믿었어.
그리고 그 외계인들이 지구를 공격할 거라고 생각한 적도 있었지.
단순히 화성이 붉게 보인다는 사실 하나 때문에 말이야.
붉은색은 푸른색보다 왠지 화가 난 것처럼 보이거든.

화성의 크기는 지구의 절반 정도야. 크기는 좀 작지만 지구와 닮은 점이 많아.
1년은 지구의 2배쯤 되는 687일이지만 하루가 24시간 37분이라서 지구의
24시간과 비슷해. 지구처럼 비스듬히 기운 채 태양을 돌고, 기울어진 각도도
비슷해. 그 말은 화성에도 사계절이 있다는 뜻이지.

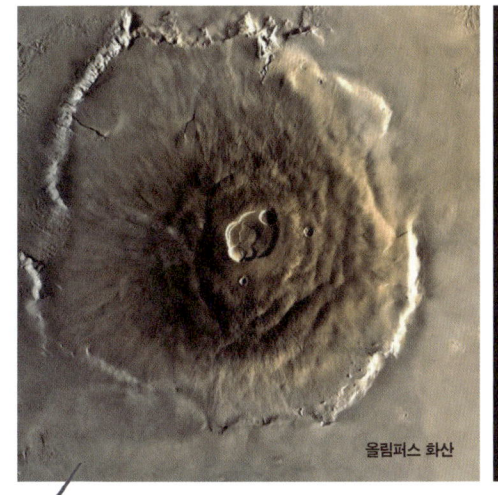
올림퍼스 화산

화성의 남극

화성에도 지구처럼 화산이 있어.
화성에 있는 올림퍼스 화산은 에베레스트산보다 세 배나 높대.
지금은 용암이 솟아오르지 않지만 태양계에서 가장 큰 화산이야.
화성에는 지구처럼 두꺼운 얼음이 있는 남극과 북극도 있어.
그런데 참 이상한 건 이렇게 비슷한 점이 많은데,
화성과 지구는 전혀 다른 모습이라는 거지.
화성에는 봄에 피는 개나리도 없고
여름에 시끄럽게 우는 매미도 없고
가을에 붉게 물드는 단풍나무도 없고
겨울에 얼음 밑에서 헤엄치는 송사리도 없어.
다행히 싸움을 좋아하는 외계인도 없지.
왜 지구와 다른 걸까?

지구처럼 남극과 북극도 있어!

그건 화성에 산소와 바다가 없기 때문이야.
산소와 바다, 지구를 지구답게 만들어 주는 중요한
이 두 가지 조건이 화성에는 없는 거지.
만약 화성에 산소와 바다가 있었다면 지구와 비슷한 모습이었을지도 몰라.
1년이 두 배로 긴 것만 빼면 말이야.
그런데 예전에는 화성에도 산소가 많았던 것 같아.

그걸 어떻게 아느냐고?

화성이 뒤집어쓰고 있는 녹슨 철, 그러니까 산화 철을 보면 알 수 있지.

철이 공기 중에 있는 산소를 모두 먹어 버리고 만 거야.

그럼 철이 먹어 버리기 전에 있었던 산소는 누가 만들었을까?

혹시 수억 년 전 이곳 화성에도 산소를 만들어 내는 생물이 살고 있었던 건 아닐까?

정말 궁금하지만 확인할 방법이 없네.

가능할지도 몰라.

태양계의 행성들은 모두 동시에 태어났다고 해.
그 가운데 금성, 지구, 화성은 비슷한 조건을 가지고 태어났지.
그런데 금성은 두꺼운 담요를 둘러쓴 펄펄 끓는 행성이 되었고,
지구는 상쾌한 공기를 가진 살기 좋은 행성이 되었어.
그리고 화성은 공기를 많이 잃어버린 채 얼어붙은 행성이 되었지.
왜 이리도 다르게 변했을까?
정답의 열쇠는 태양이 가지고 있어.
태양계 에너지의 뿌리! 태양계의 중심인 태양!
그건 모두 태양과 얼마나 가까이 있느냐에 따라 결정되는 거야.
금성은 태양에 조금 가깝고 화성은 조금 멀어.
그러나 지구는 태양과 적당히 떨어져 있지.
너무 뜨겁지도 차갑지도 않은 곳에 있는 거야.
정말 운 좋게 생명체가 생겨나기 딱 알맞은 온도를 갖게 된 거지.
지구는 정말 운이 좋은 행성인 셈이야.

화성에는 '포보스'와 '데이모스'라는 두 개의 위성이 있어.
각각 '두려움'과 '공포'라는 뜻을 지니고 있지.
화성을 영어로 '마르스'라고 하는데
마르스는 로마 신화에 나오는 전쟁의 신이야.
포보스와 데이모스는 마르스의 두 아들이지.
재미있는 것은 포보스는 서쪽에서 떠서 동쪽으로 지고
데이모스는 동쪽에서 떠서 서쪽으로 진다는 점이야.
두 위성은 서로 반대로 뜨고 지고, 하늘을 가로지르는 속도도 아주 빨라.
만약 우리가 화성에 간다면 하늘을 반대로 가로지르는
포보스와 데이모스를 볼 수 있겠지.
정말 멋지지 않아?
그런데 포보스는 점점 화성에 가까워지고 있어서
4000만 년 뒤에는 화성과 충돌할지도 모른대.

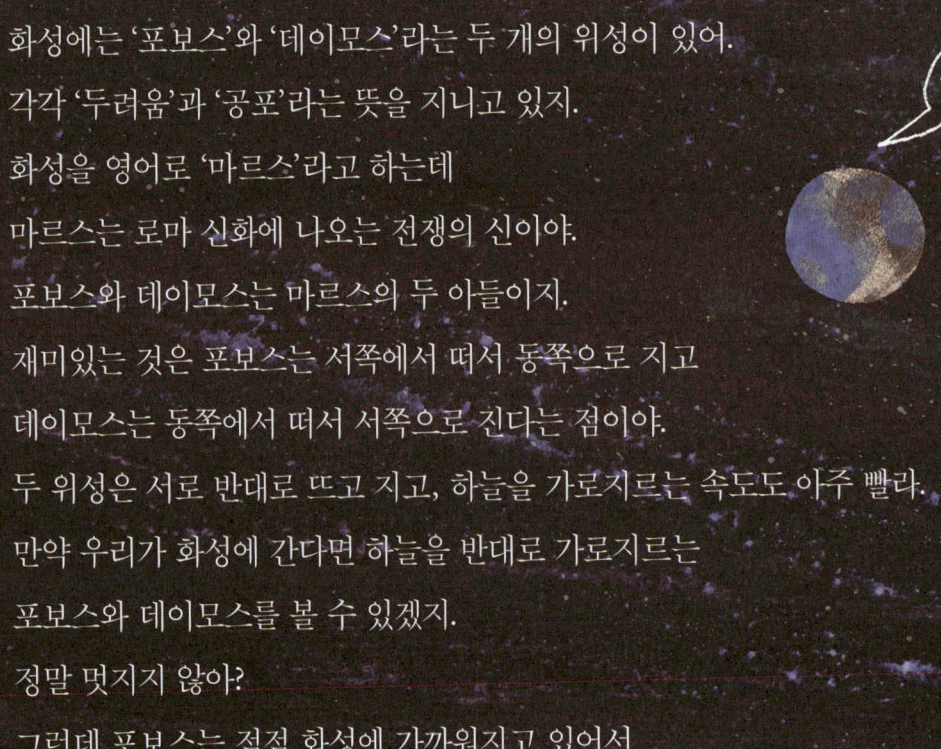

데이모스

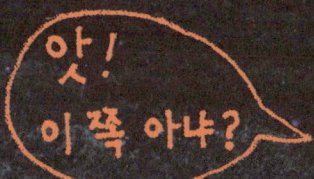

화성 탐사대가 2004년 화성에 도착했어.
'오퍼튜니티'와 '스피릿'이라는 바퀴가 달린 쌍둥이 탐사선이지.
사람이 아니라서 실망했니? 어쩔 수 없어.
사람이 화성에 가는 건 아직 힘들거든.
탐사선은 여러 가지 탐사 장비와 카메라를 지니고 있어.
우리는 이 탐사선의 눈으로 화성을 보는 거란다.
쌍둥이 탐사선은 고장 나기도 하고 연락이 끊기기도 했어.
수많은 위기에서도 우리에게 화성의 정보를 전해 주다 각각 임무를 마쳤지.
묵묵히 화성 탐사를 끝낸 스피릿과 오퍼튜니티에게 인사해 줄래?
"그동안 정말 고마웠어. 내가 곧 갈게, 기다려!"

스피릿

바빠—
지구에 데이터
보내는 중이야.

은하계 뉴스 속보

지난 알파 135일(은하계력), 태양계에 거주하고 있는 소행성들이 자신들에게도 관심을 가져 달라는 내용의 기자 회견을 열었다. 소행성 대표인 세레스는 소행성들이 좀 못생기고 작다고 해서 우습게 여기는 것은 큰 잘못이며 "소행성 가운데 하나라도 지구에 달려들면 아주 비극적인 결과를 가져올 수 있다."라고 볼멘소리를 했다.

지구는 태양계 세 번째 행성으로, 태양계에서 유일하게 생명체가 득실대는 행성으로 알려져 있다. 소행성들이 기자 회견을 연 것도 다 지구인들의 관심을 끌기 위한 것이다. 소행성은 태양계 네 번째 행성인 화성과 다섯 번째 행성인 목성 사이에 주로 모여 있으며, 10억 개가 넘는 것으로 밝혀졌다.

가끔 이들 가운데 몇 개가 알 수 없는 이유 때문에 이리저리 튀어 나가는 것으로 알려져 있는데, 6500만 년 전 지구에서 흔히 찾아볼 수 있었던 공룡이 갑작스레 멸종한 것도 정신 나간 소행성 때문이라는 것이 정설이다. 이 사건에 대해 소행성 대표인 세레스는 "자신은 그때 지구가 보이지 않는 곳에 있어서 자세한 상황을 알 수 없으며, 그 많은 소행성을 일일이 감시하는 것은 불가능하다."라며 소행성 감시의 어려움을 털어놨다. 또 그때와 같은 불행을 막으려면 지구인들이 소행성에 좀 더 많은 관심을 기울여야 할 것이라고 힘주어 말했다.

한편 지구에서는 소행성들의 불만을 받아들여 '지구 근접 천체 감시단'이라는 조직을 만들어 체계적으로 소행성의 움직임을 살피는 작업에 들어갔지만, 성과는 시원치 않은 것으로 나타나 안타까움을 주고 있다.

세레스

소행성대

실제로 지구인들은 1991년(지구력)과 1993년 두 차례에 걸쳐 지구 옆을 아슬아슬하게 스쳐 지나간 소행성들이 있었지만 소행성이 지나가고 나서야 뒤늦게 그 사실을 알았다고 털어놨다.

소행성 대표 세레스는 그런 짓을 한 소행성은 우주의 악당이라기보다 누군가의 관심이 필요한 소행성이라고 변호하며 지구인들이 좀 더 애정 어린 눈으로 소행성을 봐 줄 것을 요구했다.

지구인들은 기자 회견 뒤 소행성을 관측하는 데 좀 더 많은 사람을 참여시키겠다는 대안을 보내온 것으로 알려졌다.

은하계 일보 별번쩍 기자

III 목성을 닮은 행성들

목성 (JUPITER)

태양과의 평균 거리: 7억 7834만 km
반지름: 6만 9911km
질량: 1.898×10²⁷kg (지구의 318배)
부피: 1.431×10¹⁵km³ (지구의 1321배)
공전 주기: 12년 | 자전 주기: 9시간 55분

8. 사라지지 않는 태풍의 비밀 - 목성

목성은 지구보다 훨씬 먼 곳에서 태양 둘레를 돌고 있어.
그래서 태양을 한 바퀴 도는 데 12년이나 걸린단다.
목성 근처에서 태양을 보면 아주아주 밝은 별로 보이지만
지구에서 보는 것처럼 커 보이지는 않아.
그만큼 태양에서 멀리 떨어져 있기 때문이지.

태양계는 태양과 목성 그리고 작은 부스러기로 이루어졌다.

목성은 태양계에서 가장 큰 행성이야.
지름은 지구보다 11배나 크고
무게는 지구를 318개 합해 놓은 것과 같지.
목성만 한 그릇이 있다면 지구를 1321개나 넣을 수 있어.
만약 외계인이 멀리서 태양계를 본다면
태양과 목성밖에 안 보일지도 몰라.
수성, 금성, 지구, 화성은 태양이나 목성보다 너무 작은 데다,
태양과 가까이 붙어 있어서 태양 빛에 가려 보이지 않을 테니까.
태양계 옆을 지나는 외계인은
우주 항행 일지에 이렇게 쓸지도 모르지.
"태양계는 태양과 목성과 작은 부스러기들로 이루어졌다!"

목성이 지금보다 좀 더 컸다면

제 몸속에서 스스로 빛을 만드는 별이 될 수 있었어.

만약 목성이 태양 같은 별이 되었다면

지구는 태양을 두 개 가진 행성이 되었겠지.

그럼 지구의 낮과 밤은 지금과 전혀 달랐을 거야.

어떤 날은 태양이 지자마자 두 번째 태양인 목성이 떠올라서

밤이 없는 나날이 오래 계속되었을 테지.

그러다 낮에 두 개의 태양이 동시에 떠오르는 날도 생기고 말이야.

크고 작은 두 개의 태양이 머리 위에 떠 있으니 낮은 지금보다 좀 더 더웠겠지.

지금은 상상도 할 수 없는 생물이 지구에 살았을 수도 있어.

태양이 두 개이니 태양이 하나인 지금과는 다른 지구가 될 수밖에 없지.

그런데 저 멀리 우주에는 이렇게 두 개의 태양이 뜨고 지는 행성이 있어.

태양이 세 개인 행성도 있을 수 있지.

우주에서 이런 것쯤은 아무것도 아니란다.

목성 옆구리에는 태풍과 비슷한 '대적반'이라는 것이 있어.
'크고 붉은 점'이라는 뜻이지.
대적반은 지구를 세 개 늘어놓을 수 있을 정도로 크고
지구에서는 상상도 못할 정도로 세찬 폭풍이 부는 곳이야.
사람들은 대적반을 1664년에 처음 보았다고 해.
하지만 이때 처음 보았다는 거지, 1664년에 생겼다는 건 아니야.
대적반이 언제 생겼는지는 아무도 모르지만
저렇게 크게 자라려면 아마 100만 년은 걸렸을 거야.
한 번 생긴 태풍이 사라지지 않고 자라다니,
정말 무서운 일이지?

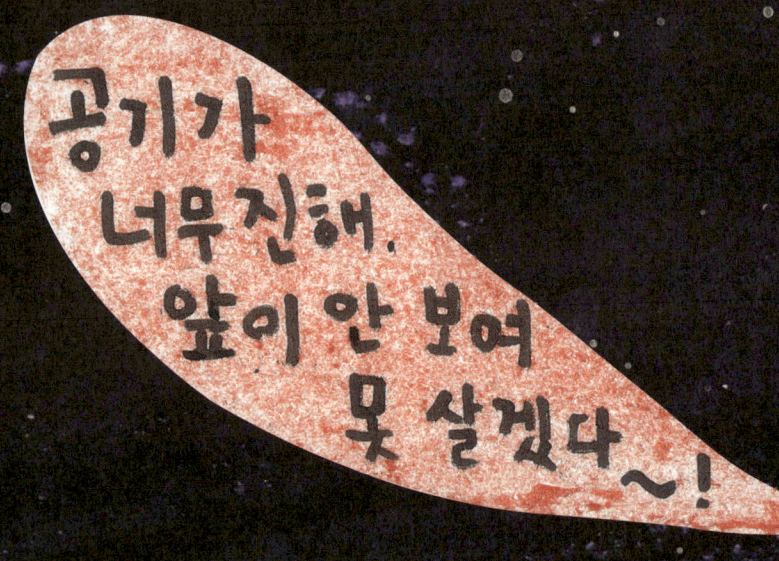

공기가 너무 진해. 앞이 안 보여 못 살겠다~!

만약 2003년 우리나라에 큰 피해를 준 태풍 매미가 아직도 돌아다니고, 2005년 미국에 상륙한 허리케인 카트리나가 아직도 살아 있다면 어떨까? 우리는 하루도 편하게 살 수 없을 거야. 태풍은 바다에서 태어나서 그런지 바다 위에 있을 때는 기세등등하지만 육지에 올라오면 힘이 빠지고 말아. 지구의 태풍은 다행히 대부분 몇 주 지나면 사라지는 반면에 목성의 태풍은 간단히 사라지지 않지. 아마 태풍의 힘을 빼앗을 땅이 깊은 바다에 잠겨 있어서 그런가 봐. 목성은 마치 땅콩이 든 초코볼처럼 생겼단다. 목성의 내부 구조를 보면 가운데 고체인 땅이 있고, 그 위를 두꺼운 바다가 덮고 있어. 바다가 어찌나 두꺼운지 물 위로 솟아오른 땅이 하나도 없단다. 그 바다를 아주 진한 공기가 감싸고 있어. 공기가 너무 진해서 별을 보기 힘들 정도지. 무시무시한 태풍이 사라지지 않는 목성, 이런 곳에서 누가 살 수 있을까?

목성에는 위성이 79개나 있어.

지구에서도 이 위성들을 볼 수 있지만 모두 볼 수 있는 건 아니야.

지구에서는 작은 망원경을 사용하면 그 가운데 4개를 볼 수 있어.

가니메데, 칼리스토, 이오, 유로파 이렇게 4개야.

목성의 위성 가운데 가장 큰 위성들이지.

사람들은 이것들을 '갈릴레이 위성'이라고 해.

왜 그런 이름이 붙었는지 이야기해 줄게.

옛날에 갈릴레이라는 과학자가 살았어.

갈릴레이는 망원경으로 별이나 행성을 보는 것을
아주 좋아해서 목성을 열심히 관측했지.
그러다 목성 주변을 어슬렁거리는 위성들을 발견한 거야.
처음에는 이 천체들이 목성의 위성인지 몰랐어.
천체란 하늘에서 발견되는 모든 것을 이르는 말이야.
하지만 오랜 시간 동안 지켜본 끝에
4개의 천체가 목성 둘레를 돌고 있는 걸 눈치챘단다.
갈릴레이는 이 천체들이 목성의 둘레를 도는 위성이라고 굳게 믿었어.
그리고 지구도 저 위성들처럼 태양을 돌고 있다고 믿게 되었지.
사람들은 뒷날에 갈릴레이가 목성의 위성을 발견한 것을 기념해서
이 천체들을 '갈릴레이 위성'이라고 부르게 된 거란다.

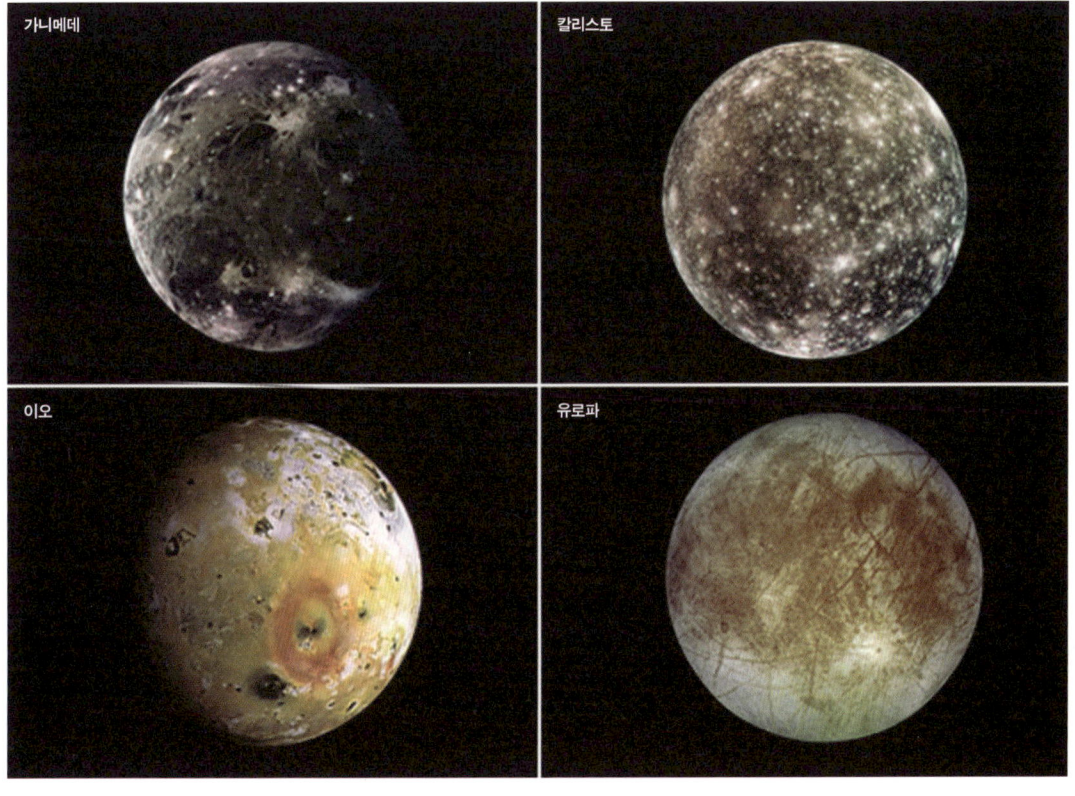

가니메데는 목성의 위성 가운데 가장 커.
행성인 수성보다 더 크지.
태양에서 멀리 떨어져 있기 때문에 얼음으로 둘러싸여 있어.
그리고 칼리스토에는 달이나 수성처럼 운석 구덩이가 아주 많아.
유로파는 얼음으로 덮여 있고, 가는 줄무늬가 많은 가장 작은 위성이야.
갈릴레이 위성 가운데 가장 흥미로운 것은 이오야.
이오에는 폭발하는 화산이 있는데 지금도 폭발하고 있거든.
그래서 화산 폭발 때 나오는 유황이 공기에 섞여
공기가 엷은 주황색으로 보이지.
이오에 가면 틀림없이 유황이 섞인 용암이 비처럼 내리고
매캐한 유황 냄새가 진동할 거야.
그래서 이오의 표면은 노란색, 주황색, 붉은색이 섞여 알록달록하단다.
이오의 사진을 동그랗게 오리면 마치 피자처럼 보여.
그런데도 왜 '이오'라는 이름이 붙은 피자가 나오지 않는 걸까?
아마 피자 만드는 사람들은 우주에 별로 관심이 없나 봐.

토성 (SATURN)

태양과의 평균 거리: 14억 2666만 km
반지름: 5만 8232km
질량: 5.683×10^{26}kg (지구의 95배)
부피: 8.271×10^{14}km³ (지구의 764배)
공전 주기: 30년 | 자전 주기: 10시간 39분

9. 태양계의 슈퍼 모델 - 토성

태양계에서 가장 멋진 행성을 뽑으라면 누구나 멋진 테를 가진 토성을 고를 거야. 우리 눈에는 토성의 테가 커다란 판처럼 보이지만 사실 토성의 테는 돌덩어리로 이루어져 있어. 돌덩어리는 소금 알갱이만 한 것에서부터 지름이 몇 미터에 이르는 것까지 아주 다양하지. 재미있는 것은 이 돌들이 공중에 떠서 제각기 돌고 있다는 거야. 피겨 스케이팅 선수처럼 말이야.
만약 우주선을 타고 테 사이에 들어갈 수 있다면
돌들이 우주선에 부딪혀 내는 소리를 들을 수 있을 거야.
이 작은 돌들은 어디서 왔을까?
정확히 아는 사람은 아무도 없지만 여러 가지 생각을 해 볼 수 있어.
테를 이루고 있는 돌들은 모두 모여서 위성이 되려고 했는지도 몰라.
무엇이 잘못되었는지 몰라도 결국 위성이 되지 못한 거지.

아니면 원래 그 자리에 있었던 위성들이 깨진 건지도 몰라.
만일 그렇다면 지금 보고 있는 테는 위성들의 흔적인 셈이지.
테가 생기게 된 과정을 정확히 알 수는 없어.
그렇지만 뭐 어때? 아름다운 테가 있다는 것이 중요한 거지.
누가 뭐래도 토성은 우리 태양계의 자랑이니까.

토성은 위성을 82개나 가지고 있어.
그 가운데 아주 흥미로운 것은
생명체가 있을 가능성이 가장 큰 타이탄이야.
타이탄은 수성보다 크고 무거워서
공기를 잘 붙들어 둘 수 있지.
과학자들은 '카시니'라는 탐사선을 타이탄으로 보냈어.
토성 역시 사람이 가기엔 너무 멀리 있거든.
카시니는 타이탄에 도착해서 여러 가지 탐사를 했어.
그 결과 생명이 탄생할 만한 조건을 충분히 갖추었다는 결론을 얻었지.
생명체의 재료가 될 분자와 그 분자들을 결합시켜 줄 번개가 치고 있었거든.
오랜 시간이 지나면 타이탄에 생명체가 나타날지도 몰라.
이 밖에도 다른 위성과는 반대 방향으로 토성을 돌고 있는 청개구리 포에베,
거대한 운석에 맞아 하마터면 깨질 뻔한 미마스,
깨끗한 얼음으로 둘러싸인 신비한 얼음의 나라 엔켈라두스,
서로 돌며 토성을 도는 쌍둥이 위성 야누스와 에피메테우스가 있어.
토성은 개성 있는 위성이 아주 많단다.

토성은 태양 둘레를 한 바퀴 도는 데 30년이 걸려.
지름이 지구의 아홉 배가 훨씬 넘는, 목성처럼 아주 큰 행성이야.
토성보다 더 바깥쪽에서 태양을 돌고 있는
해왕성과 천왕성도 지구보다 훨씬 크단다.
그래서 목성, 토성, 천왕성, 해왕성을 묶어서 '거인 행성'
또는 '목성형 행성'이라고 하지.
수성, 금성, 지구, 화성처럼 작은 행성은 '지구형 행성'이라고 해.
토성의 무게는 지구의 95배로, 지구보다 764배나 큰 덩치에 비하면
그렇게 무겁지는 않아.

덩치에 비해 몸이 가벼운 행성은 태양계에서 토성밖에 없어.
마치 커다란 풍선 같아서 토성을 담글 만한 바다가 있다면
토성을 물 위에 띄울 수도 있을 정도란다.
하지만 토성과 달리 태양계의 다른 행성들은 모두 물에 가라앉고 말 거야.
토성이 다이어트를 너무 심하게 한 걸까?

⚡ 번쩍번쩍 인터뷰 - 목성

 : 은하계 방송 설문 조사에 따르면 전 은하계에서 가장 아름다운 행성으로 토성이 뽑혔다고 합니다. 바로 아름다운 테 때문인데요. 여기에 대해서 목성이 할 이야기가 있다고 합니다. 한번 들어 보겠습니다. 목성 나오세요.

: 아, 아! 지금 말해도 되는 건가요?

: 예, 말씀하세요.

: 테라면 저도 있습니다. 좀 얇고 좁아서 그렇지, 있기는 있다고요. 저도 테가 있다는 것을 말씀드리고 싶었습니다. 아! 지금 방송에 나오는 거 맞죠?

: 아, 그렇습니까? 토성에만 테가 있는 줄 알았는데요, 좀 더 자세히 말씀해 주시죠.

: 네, 저뿐 아니라 천왕성과 해왕성에도 테가 있어요. 솔직히 말하면 천왕성의 테가 제 테보다 눈에 더 잘 띄긴 하죠. 저와 천왕성에 비하면 해왕성의 테는 가늘고 모양이 고르질 않아요.

: 오, 천왕성과 해왕성에도 테가 있다니 놀랍군요. 끝으로 토성에게 한 말씀 해 주세요.

: 토성, 정말 축하한다. 솔직히 늘 네 테가 정말 부러웠어.
너의 테 중에서도 바깥 부분에 있는 꽈배기 고리는 정말 신기해.

: 중간에 말을 잘라 미안한데요, 꽈배기 고리란 F고리를 말씀하시는 건가요?

: 네, 맞습니다. 토성의 테는 넓은 것부터 A, B, C 순으로 이름이 붙어 있거든요.
F는 가장 바깥에 있는 고리예요. 그런 고리는 토성에만 있죠.
정말 아쉽게도 우린 그런 고리가 없어요.

: 네, 알겠습니다. 목성, 감사합니다.
토성에만 테가 있는 것이 아니라 목성, 천왕성, 해왕성에도 테가 있다고 합니다.
그러고 보니 거인 행성들은 모두 테가 있군요. 이상, 은하계 방송, 별번쩍 기자
였습니다.

천왕성 (URANUS)

태양과의 평균 거리: 28억 7066만 km
반지름: 2만 5362km
질량: 8.681×10^{25}kg (지구의 15배)
부피: 6.833×10^{13}km³ (지구의 63배)
공전 주기: 84년 | 자전 주기: 17시간 14분

10. 심한 충격을 받은 행성계 - 천왕성

천왕성은 누워서 태양 둘레를 돌고 있어.
행성은 대부분 선 채나 약간 기운 채 스스로 돌면서 태양 둘레를 돈단다.
그런데 천왕성은 약간 기운 정도가 아니라 아예 누운 채 도는 거지.
어쩌다 천왕성이 그렇게 된 건지 정확히 아는 사람은 아무도 없어.
혹시 처음 생겨날 때 커다란 무언가와 부딪혀서
픽 쓰러진 것은 아닐까?
천왕성은 지름이 지구보다 4배 정도 크고, 15배 정도 무거워.
태양을 한 바퀴 도는 데 84년이 걸리지.
만약 어떤 사람이 천왕성에서 태어났다면 지구에서는
천왕성의 나이로 겨우 한 살 정도 살 수 있는 셈이야.

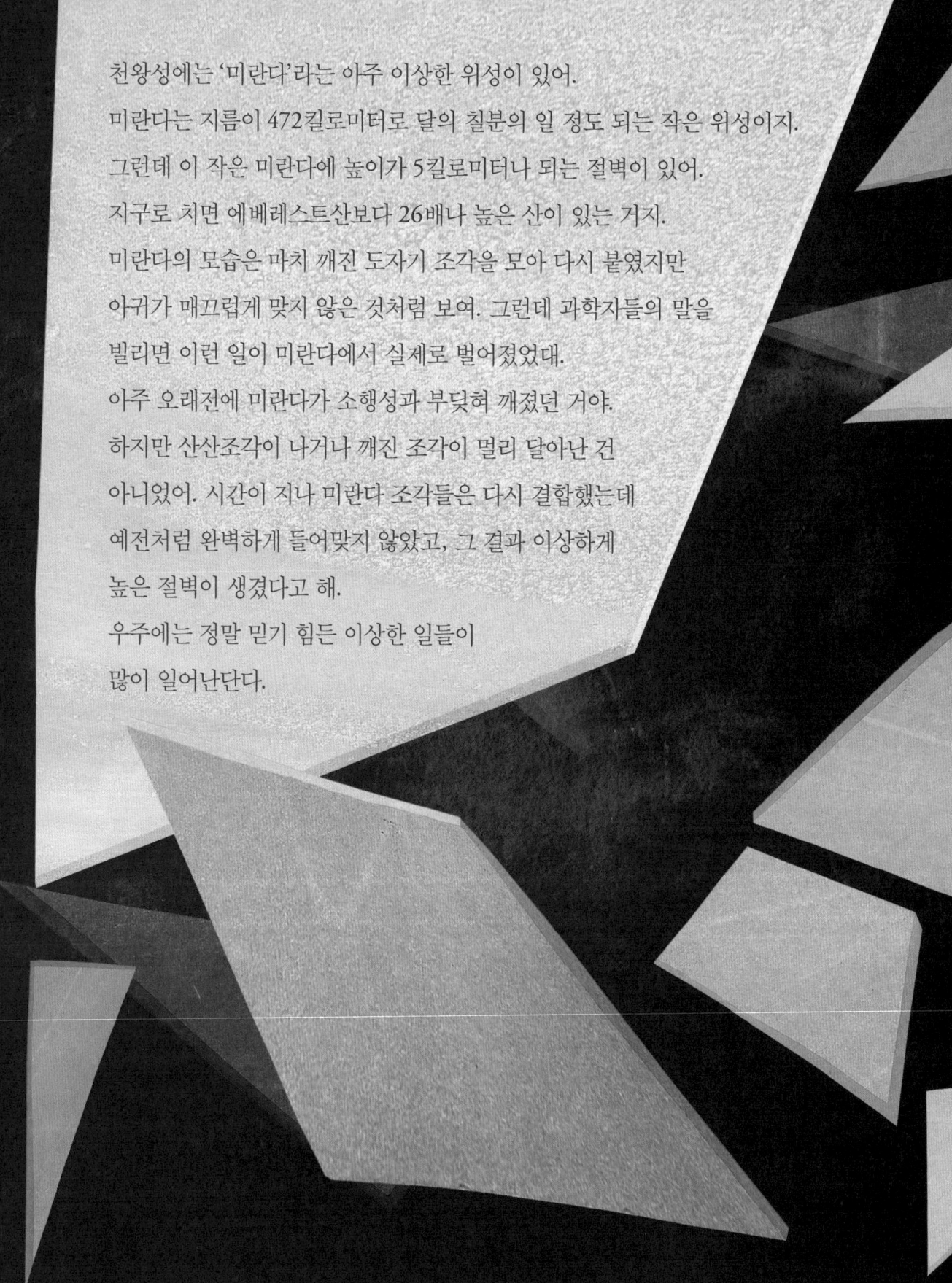

천왕성에는 '미란다'라는 아주 이상한 위성이 있어.
미란다는 지름이 472킬로미터로 달의 칠분의 일 정도 되는 작은 위성이지.
그런데 이 작은 미란다에 높이가 5킬로미터나 되는 절벽이 있어.
지구로 치면 에베레스트산보다 26배나 높은 산이 있는 거지.
미란다의 모습은 마치 깨진 도자기 조각을 모아 다시 붙였지만
아귀가 매끄럽게 맞지 않은 것처럼 보여. 그런데 과학자들의 말을
빌리면 이런 일이 미란다에서 실제로 벌어졌었대.
아주 오래전에 미란다가 소행성과 부딪혀 깨졌던 거야.
하지만 산산조각이 나거나 깨진 조각이 멀리 달아난 건
아니었어. 시간이 지나 미란다 조각들은 다시 결합했는데
예전처럼 완벽하게 들어맞지 않았고, 그 결과 이상하게
높은 절벽이 생겼다고 해.
우주에는 정말 믿기 힘든 이상한 일들이
많이 일어난단다.

해왕성 (NEPTUNE)

태양과의 평균 거리: 44억 9840만 km
반지름: 2만 4622km
질량: 1.024×10^{26}kg (지구의 17배)
부피: 6.252×10^{13}km³ (지구의 58배)
공전 주기: 165년 | 자전 주기: 16시간 6분

11. 어둠의 왕국 - 해왕성

태양계의 가장 바깥을 지키는 행성은 해왕성이야.
마치 푸른 바다로 둘러싸인 듯 푸른빛이 도는 행성이지.
그래서 바다 해(海) 자를 써서 '해왕성'이라 부르고
영어로는 로마 신화에 나오는 바다의 신 이름을 따서 '넵튠'이라고 해.
하지만 해왕성이 파랗게 보이는 건 바다가 아닌 공기 때문이야.
해왕성의 바다는 두꺼운 공기 때문에 보이지 않아.

해왕성이 태양을 한 바퀴 도는 데 걸리는 시간은 165년이야.
지구에서 태어난 사람은 해왕성 달력으로 1년도 살지 못하고 죽는 셈이지.
해왕성에서는 태양이 너무 멀리 있어서 다른 별처럼 점으로 보여.
다른 점이 있다면 다른 별보다 훨씬 밝게 보인다는 거지.
그러니 거의 낮과 밤의 구분 없이 밤만 계속 이어진단다.
지구인들이 해왕성에서 살게 된다면 모두 우울증에 걸릴지도 몰라.

해왕성은 너무 멀어~!

해왕성의 위성 가운데 가장 인상적인 것은 트리톤이야.
트리톤에는 가는 질소 물줄기가 여기저기서 8킬로미터 이상 솟구치거든.
이런 걸 '간헐천'이라고 하는데, 지구의 것은 기껏해야 십여 미터 솟아오를 뿐이지.
지구에서 가장 높은 에베레스트산이 얼추 8킬로미터 정도이니,
트리톤의 물줄기가 그 높이만큼이나 치솟는다는 건 정말 굉장한 거란다.
어슴푸레한 밤만 이어지는 곳, 어떤 생물도 견디기 힘든 영하 200도의 바깥 온도,
한 번도 맡아 본 적이 없는 특이한 냄새와 지구에서는 상상도 할 수 없는
끝이 보이지 않는 간헐천이 사방에서 솟구치는 트리톤에 가 보고 싶지 않니?

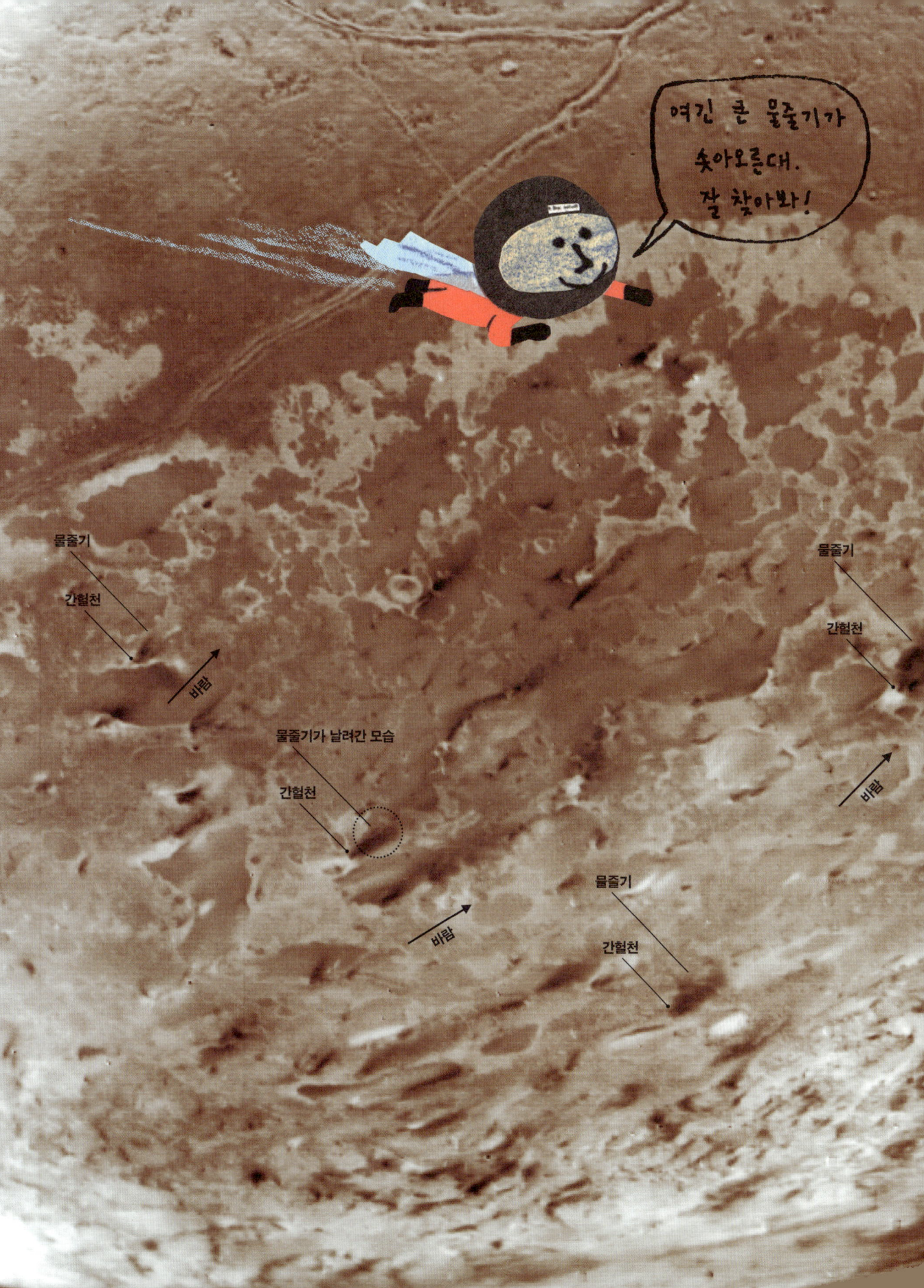

혜성 (COMET)

12. 태양계 끝에서 찾아오는 꼬리 달린 손님 - 혜성

태양계 식구 가운데 소개하지 않은 식구가 있어.

바로 혜성이야.

혜성은 지구형 행성도 아니고 목성형 행성도 아니야.

그렇다고 위성도 아니란다.

혜성은 태양계 끝에서 찾아오는 귀한 손님이야.

혜성은 해왕성보다도 더 먼 곳에 구름처럼 모여 있어.

이것을 '오르트 구름'이라고 해.

오르트 구름에 모여 있는 혜성들은 천천히 태양 둘레를 돌아.
마치 조용한 호수에 떠 있는 나뭇잎들처럼 말이야.
그러다 배라도 지나가면 그 나뭇잎들이 마구 흔들리듯이,
오르트 구름 옆으로 다른 별이 지나가면
혜성 가운데 몇 개가 태양 쪽으로 달리기 시작해.
그럼 우리는 운 좋게 혜성을 보게 되는 거야.
하지만 오르트 구름에서 지구까지 오려면 얼추 300만 년이나 걸린단다.
오르트 구름이 얼마나 멀리 있는지 상상할 수 있겠니?
거꾸로 말하면 그만큼 태양계가 엄청나게 큰 거야.
예전에는 혜성을 불길한 징조로 여겼지만 알고 보면,
우리가 지구에서 보는 혜성은 정말 먼 길을 온 귀한 손님인 거지.

혜성에 꼬리가 없다면 어떨까?
그래도 혜성을 멋있는 손님으로 생각해 줄까?
그런데 혜성은 오르트 구름에 모여 있을 땐 꼬리가 없어.
혜성의 꼬리는 태양 가까이 와야만 생긴단다.
왜 그런 거냐고?
혜성은 먼지 섞인 얼음덩어리야.
꼬리가 생기려면 얼음이 가스로 변해야 하는데
그런 일을 할 수 있는 건 태양밖에 없어.

태양의 강력한 빛만이 얼음을 가스로 만들 수 있지.
먼지 섞인 얼음덩어리를 멋진 꼬리를 단 여행자로 변신시키다니,
태양은 정말 대단해!
혜성 역시 토성의 테와 함께 태양계의 자랑거리라고 할 수 있어.
혜성은 태양에 가까이 올수록 조금씩 작아지다가
꼬리가 더 이상 생기지 않으면서 결국엔 볼 수 없게 되고 말아.
닳아서 없어지는 거지.
76년마다 찾아오던 핼리 혜성은 이제 너무 작아져서 더 이상 보이지 않는단다.

어떤 혜성은 닳아서 없어지기 전에 수명을 다하기도 해.
슈메이커-레비9 혜성은 목성과 충돌해서 사라졌어.
그것도 그냥 충돌한 것이 아니라 20조각으로 쪼개져서 충돌했단다.
20조각으로 쪼개진 혜성은 마치 기차 같았어.
칸마다 흰 꼬리를 단 20칸짜리 기차가 목성으로 돌진한 거야.
정말 멋진 장면이었지!

슈메이커-레비9 혜성 조각 가운데 가장 큰 덩어리는
목성에 지구만 한 상처를 남겼어.
그 혜성 조각이 아주 큰 것도 아니고
지름이 겨우 몇 킬로미터였을 뿐인데 말이야.
만약 그 혜성 조각이 지구와 부딪혔다면 어떻게 되었을까?
보나마나 지구가 산산조각 났겠지.
혜성과 부딪히는 순간 모두 사라지고 말다니,
정말 무시무시하지?

과학자들은 혜성이 정확히 무엇으로 이루어졌는지 알고 싶어서 재미난 실험을 했어.
혜성 꽁무니를 쫓아다닐 탐사선을 만든 뒤, 넓적한 판을 하나 달았지.
그 판에 혜성의 꼬리에서 나오는 가스를 붙일 생각이었던 거야.
과학자들은 계획대로 탐사선을 만들어 쏘아 올렸고
탐사선은 혜성에서 나온 가스를 덕지덕지 붙인 채 무사히 지구로 돌아왔단다.
과학자들이 지금 그 혜성 부스러기를 열심히 연구하고 있대.
만약 혜성의 가스를 수집해 올 탐사선을 만들어야 한다면 어떤 모양이 좋을까?
마음껏 상상해 봐. 우스꽝스럽고 괴상한 상상이라도
언젠가 실제로 이루어질 수 있는 거니까!
상상한 것이 없다면 이루어질 것도 없지.
그러니 무엇이든 마음대로 상상하고 표현해 보렴.

행사 상품 SALE 30% | 커뮤니티

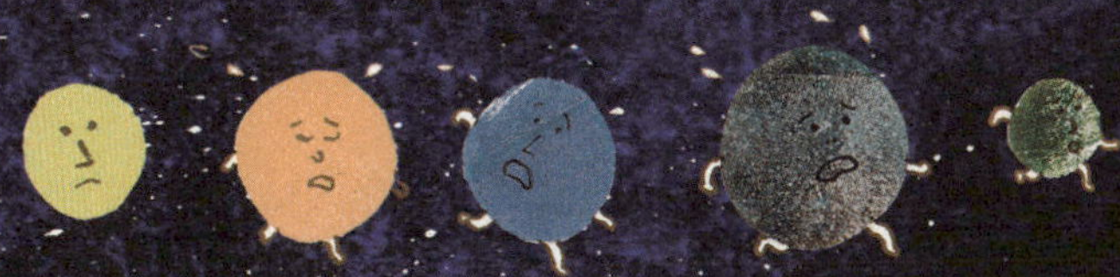

1. 수성에서 하루를
아침의 태양과 한낮의 태양의 크기가 다른 기이한 하루를 경험할 수 있습니다.
수성으로 떠나요!

2. 지구에서 산소를
산소를 내뿜는 초록색 식물들이 가득한 곳.
산소를 마음껏 맛볼 수 있습니다.
지구로 출발!

3. 달에서 발자국 찾기
아폴로 우주인들이 남긴 발자국을 찾아보세요.
푸짐한 상품을 드립니다.
달에서 만나요!

4. 오르트 구름에서 명상을
아득히 먼 태양계 끝, 고요와 침묵의 세계~. 혜성들 사이에서 나를 돌아봅니다. 오르트 구름으로 오세요!
* 이 상품은 냉동 상태로 여행하므로 추가 비용이 듭니다.

오르트구름에서 명상을

달에서 발자국 찾기를

찾아보기

ㄱ
가니메데 108~110
가이아 69
갈릴레이 위성 109
개기 일식 80~81
공전 20
금성 16~22, 28, 56~63, 90
금성의 대기 58
금성의 온도 58
금성의 크기 62
금성의 하루와 1년 62

ㄷ
달 16~22, 70~79, 145
대적반 105

ㅁ
머큐리 48
목성 16~22, 28, 100~111
목성의 구조 106
목성의 1년 102
목성의 크기 103
목성의 테 120
목성형 행성 118
미란다 126
미마스 116

ㅂ
별 17~18
비너스 60

ㅅ
산소 66
산화 철 84
샛별 60
세레스 96
소행성 96
수성 46~55, 145
수성의 대기 53
수성의 온도 52
수성의 하루와 1년 54
수소 36, 39

ㅇ
아폴로호 78
야누스와 에피메테우스 116
엔켈라두스 116
오르트 구름 136, 145
오퍼튜니티와 스피릿 94
온실 효과 59
올림퍼스 화산 28, 87
외계 행성계 26
위성 21
유로파 110

이산화 탄소 58
이오 28, 110
인공위성 21

ㅈ

중력 34
지구 16~22, 64~69, 90, 145
지구의 대기 66
지구의 사계절 69
지구형 행성 118

ㅊ

천왕성 22, 122~127
천왕성의 1년 124
천왕성의 크기 124

ㅋ

카시니 탐사선 116
칼리스토 110
코로나 81

ㅌ

타이탄 116
태양 17~24, 30~43
태양계 16~27
태양의 크기 18
태양의 온도 40

토성 16~22. 29, 112~119
토성의 1년 118
토성의 크기 118
토성의 테 29, 114, 120
트리톤 29, 132

ㅍ

포보스와 데이모스 21~22, 92
포에베 116

ㅎ

해왕성 22, 29, 128~133
해왕성의 1년 131
행성 20, 35
혜성 134~143
혜성 탐사선 142
화성 16~22, 28, 82~95
화성의 남극 87
화성의 대기 88
화성의 크기 86
화성의 하루와 1년 86
황산 61
흑점 40, 42

태양계 행성 정보

해왕성

천왕성

← 토성

태양

← 목성

← 화성

← 수성

← 금성

지구 →

달 →

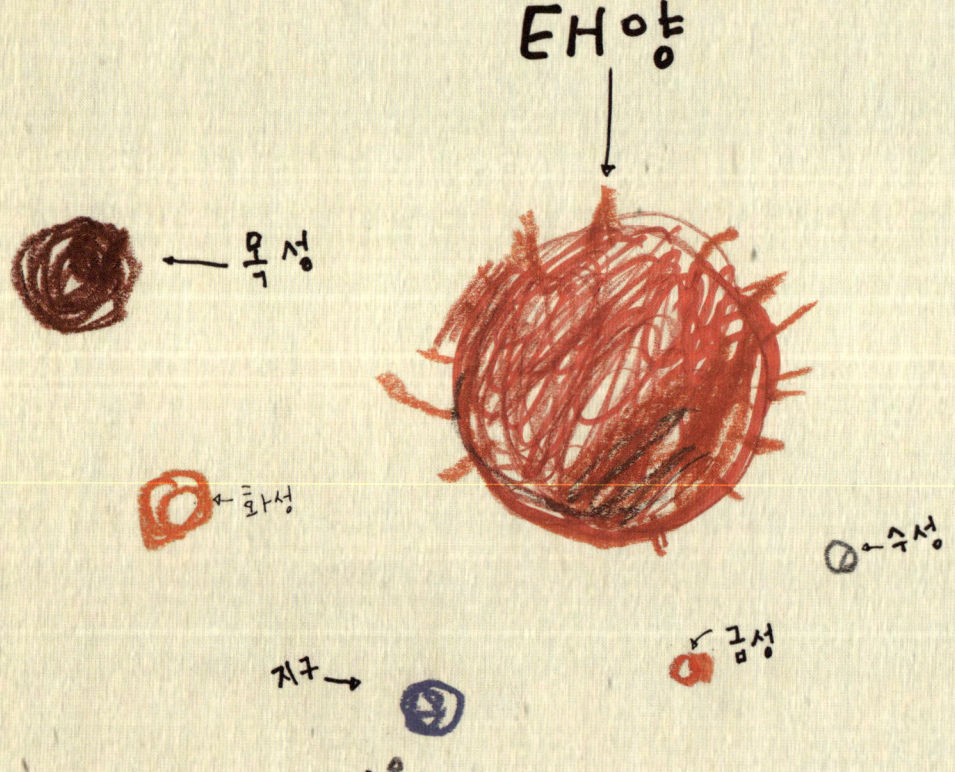

태양계
태양의 중력에 이끌려 태양을 중심으로
그 주위를 돌고 있는 천체들의 모임.
태양과 8개의 행성, 각 행성의 위성들,
소행성, 혜성 등의 천체가 태양계를 이룬다.

태양
지구와의 거리: 1억 4960만 km
표면 온도: 5,800도(K)
반지름: 69만 5508km
질량: 1.989×10^{30}kg (지구의 33만 배)
부피: 1.409×10^{18}km³ (지구의 130만 배)

수성
태양과의 평균 거리: 5791만 km
반지름: 2439.7km
질량: 3.301×10^{23}kg (지구의 0.055배)
부피: 6.082×10^{10}km³ (지구의 0.056배)
공전 주기: 88일 | 자전 주기: 59일

금성
태양과의 평균 거리: 1억 821만 km
반지름: 6051.8km
질량: 4.867×10^{24}kg (지구의 0.82배)
부피: 9.284×10^{11}km³ (지구의 0.86배)
공전 주기: 225일 | 자전 주기: 243일

지구
태양과의 평균 거리: 1억 4960만 km
반지름: 6371km
질량: 5.972×10^{24}kg
부피: 1.083×10^{12}km³
공전 주기: 365일 | 자전 주기: 24시간

달
지구와의 평균 거리: 38만 4400km
반지름: 1737.5km
질량: 7.348×10^{22}kg (지구의 0.012배)
부피: 2.197×10^{10}km³ (지구의 0.02배)
공전 주기: 27일 | 자전 주기: 27일

화성
태양과의 평균 거리: 2억 2794만 km
반지름: 3389.5km
질량: 6.417×10^{23}kg (지구의 0.107배)
부피: 1.631×10^{11}km³ (지구의 0.151배)
공전 주기: 687일 | 자전 주기: 24시간 37분

목성
태양과의 평균 거리: 7억 7834만 km
반지름: 6만 9911km
질량: 1.898×10^{27}kg (지구의 318배)
부피: 1.431×10^{15}km³ (지구의 1321배)
공전 주기: 12년 | 자전 주기: 9시간 55분

토성
태양과의 평균 거리: 14억 2666만 km
반지름: 5만 8232km
질량: 5.683×10^{26}kg (지구의 95배)
부피: 8.271×10^{14}km³ (지구의 764배)
공전 주기: 30년 | 자전 주기: 10시간 39분

천왕성
태양과의 평균 거리: 28억 7066만 km
반지름: 2만 5362km
질량: 8.681×10^{25}kg (지구의 15배)
부피: 6.833×10^{13}km³ (지구의 63배)
공전 주기: 84년 | 자전 주기: 17시간 14분

해왕성
태양과의 평균 거리: 44억 9840만 km
반지름: 2만 4622km
질량: 1.024×10^{26}kg (지구의 17배)
부피: 6.252×10^{13}km³ (지구의 58배)
공전 주기: 165년 | 자전 주기: 16시간 6분